誰にでもできる

「セミナー講師」になって稼ぐ法

あなたも超・短期間で
「人気講師」、「儲かる主催者」になれる!

セミナー・プロデューサー
松尾昭仁

同文舘出版

はじめに

日本では、なぜか昔から〝講師＝先生〟と言われています。ですから、セミナーや講演の会場では、

「先生、今日はたいへんためになるお話をありがとうございました。ところで、お願いがあるのですが、当社の仕事をぜひお引き受けいただけないでしょうか？　お忙しいこととは思いますが……」

などと、お客様である参加者から頭を下げられ、仕事が舞い込んでくるのです。

ビジネスの世界では、お金をいただくほうが頭を下げるのが普通です。しかし、なぜかセミナー講師になって先生と言われるようになったとたん、お金を払うほうが頭を下げてくるのです。

また、セミナー自体はビジネスとしても非常に利益率が高く、現金が常に事前に入ってくる「現金商売」でもあります（私は現在、1回のセミナーで100万円以上を売上げ、またそれに近い利益を出している）。

そして、セミナーを開いているとマスコミの目にも止まりやすく、雑誌の取材や書籍の執筆、さらにテレビやラジオからの出演依頼が来ることもあります。

さて、みなさんはそんな〝セミナー講師〟に、いったいどのようなイメージを抱いているでしょうか？

私もつい1年前までは、みなさんと同じく、「セミナーは受ける立場で、お金を払って聞くもの」と思っていました。しかし今では、「セミナーを主催する立場」であり、「お金をいただいて講師として話す側」になりました。

では、私はどうやってこのような恵まれた立場である「セミナー講師」になることができたのでしょうか？

なかなか信じてもらえないかもしれませんが、私を含めて私の周りにいる「人気セミナー講師とその主催者」の多くは元々、〝ごく普通の人〟でした。

他人よりも地位が高くて頭がいい、あるいは何か特別なことをしている人たちでは決してなかったのです。

しかし、そんな「普通の人たち」がセミナー講師を勤めることによって、人生を大きく変えていることも事実なのです。そして、「セミナー講師になること」、「自らセミナーを主催すること」は、それほどむずかしいことではないのです。

本書では、私がたった半年という短い期間でどのようにしてセミナー講師になり、自らセミナーを企画・運営・主催してビジネスとして利益を上げることができるようになったのか、を余すところなく書きました。

本書に書かれていることを一つひとつ実践していけば、あなたもきっと「人気セミナー講師と儲かる主催者」になれるはずです。

また、すでにセミナーを主催し、集客でお悩みの方もいらっしゃることでしょう。そんな方でも心配は無用です。本書を読んだあと、そんなあなたの悩みは、きれいに消えてなくなっているはずです。

人生の主役は誰でもありません。自分自身です。あなたも、サッカーをスタンドから観戦するサポーターではなく、実際に活躍する選手になるようにセミナーの壇上に上がり、そしてスポットライトを浴びてみましょう。

さて、これから本書をお読みいただくにあたって、人気セミナー講師と主催者になってビジネスを成功させるための補助教材として、Ｗｅｂ（インターネット）と連動したレポートを用意いたしました。

http://www.next-s.net/book

■無料メールレポート（全5回）『人気セミナー講師と主催者になって幸せに成功する、本には書けなかった5つのマル秘法則』

あなたのメールアドレスを登録すると、すぐにお読みいただける仕組みになっていますので、今すぐご登録ください。

では、私と一緒にセミナービジネスの扉を開けましょう！

誰にでもできる「セミナー講師」になって稼ぐ法●目次

2章 私がセミナー講師になれた理由

3章 セミナー講師への道

4章 セミナーは利益率80%のビジネスモデル

5章 セミナーの利益ここにある！

6章 セミナーの集客法教えます

7章 セミナー・講演会を成功させる超・段取術

8章 セミナー講師の〝格〟を高めるブランディング術

9章 セミナー講師として大切なこと

10章 人気セミナー講師&主催者インタビュー

装幀／藤瀬　和敏
本文DTP／シナプス

プロローグ

零細企業の社長がセミナー講師にめざめた理由

【代表取締役】

平成15年1月、私は35歳にしてネクストサービスという小さな株式会社を設立し、「代表取締役」という肩書きを手に入れました。そして、夢と希望に満ち溢れ、起業家としての第一歩を踏み出したのです。

そのとき、私に賛同してくれたのは、たった1人の営業マンと1人の女性事務職員だけという、本当に小さな起業でしたが、気分だけは青年実業家です。

「いつか、いや近い将来、六本木ヒルズにオフィスを構えてやる！」

そう、夢だけは大きく持っていました。


「へぇー、あなた社長さんなんだ。で、社員は何人ぐらいいるんですか？」

そう言う彼は、有名企業の名刺を、さも誇らしげに私に差し出しました。

なんだ、とはどういうことだ、この人は、どう見ても僕より年下だぞ！

これは起業したての頃、人脈を広げるためにある異業種交流会に出席し、名刺交換をしたときに言われた屈辱的な一言です。

たしかに、昨今の厳しい就職戦線を勝ち抜いて、有名企業に採用された人たちは一握りの優秀な人材でエリート意識も高いのでしょう。しかし、こちらも小さいとはいえ株式会社のトップです。従業員が少なくても代表取締役に変わりありません。


しかし……。


平成15年度の国税庁の調査では、全国の法人数をおよそ255万社と発表しています。

これは、株式会社、有限会社、その他合名合資などの会社のトップ、いわゆる社長が255万人もいるということです。

255万人という数は、大阪府の人口とほぼ同じで、毎年生まれてくる赤ん坊の数（約110万人）の2倍以上にもなります。

そうです。これだけの数の社長がいれば、悲しいかな「社長だから……」と言って、とくに貴重なわけでも、尊敬されるわけでもないのです。

現に、飛び込み営業でいろいろな会社を回っていたときも「代表取締役」の名刺の効果はまったくなく、逆に気恥ずかしさから「営業課長」の名刺を使って、〝逆役職詐称〟をしていた時期もあったほどです。

そんな時期、私はある1冊の本と運命的な出会いをしました。

その本とは、後に友人となり、尊敬できる、セミナー講師の先輩となるカリスマ行政書士兼ノーリスク起業コンサルタントの丸山学氏が書いた『めざせ！　週末社長』というビジネス書です。

今から思うと、すでに独立をして小さいながらも会社を経営していた私が「週末社長」もありませんが、なぜか書店でその本が目に止まり、目次を読んだだけで購入せずにはいられなくなり、一気に読み通したのです。

その本には、当時の私にとって必要な情報と、やる気にさせてくれるメッセージがぎっしりと詰まっていました。

そして、その本を読み終えて感動した私は、突拍子もないことを考えたのでした。

「この本の著者に会いたい！」

いったいどんな人が、こんなに面白くてためになり、さらに具体的に行動できる方法を書いているのか？

そんなことを考えながら巻末の著者プロフィールを読むと、なんとその本の著者である丸山学氏は、私が住んでいる埼玉県狭山市の隣の所沢市にオフィスを構え、しかも私と同じ年齢だったのです。

「隣の市、そして同い年」——今から思うと、私以外にもその本を読んだ同じような境遇の人はいたかもしれません。

しかしそのときの私は、「この出会いは偶然ではなく必然だ」と勝手に思い込み、どうしたらこの著者に会えるか、を真剣に考えたのでした。

そして、インターネットを使っていろいろと調べた結果、偶然にも丸山さんが講演するセミナーが翌週、東京の池袋であることを知り、「これも運命」と思い、その場でそのセミナーに申し込んだのです。

そして講演の当日、丸山さんに会いたい一心でセミナールームに入っていった私がまず驚かされたのは、他の参加者のテンションの高さでした。私が席に着くなり、「はじめまして！　私は〇〇と申します。先生のセミナーには、もう連続3回通っています……」などと積極的に名刺交換をしてくるのです。

私も元は営業マンでしたので、こういったことには慣れているつもりでしたが、ここにいる人たちは今まで私が会った人たちとは、どこか違う印象を受けました。強いて言うなら、「成功に向かって遠慮や躊躇しない人たち」といった感じです。

そんな参加者に最初は違和感を覚えていた私も、何人かと名刺交換をしながら自己紹介をしていくうちに、しだいに彼らの〝やる気オーラ〟が乗り移ってきたようで、これからはじまるセミナーに心を躍らせたものでした。

そして、そうこうしているうちにセミナーははじまり、司会の女性が、講演者である丸山さんの紹介をはじめると会場はシーンと静まり返り、私の緊張と興奮は最高潮に達しました。

そして丸山さんが話しはじめると、会場は彼のオンステージとなりました。

「なぜ自分が成功したのか、成功するためには何が大切なのか、これから伸びるビジネスとは……」などと熱くユーモラスに語る、参加者を飽きさせないエンターテイナーぶりは本から受けるイメージをはるかに越えていました。

そんな講師の丸山さんを実際に見て、

「かっこいい。しかも、この人は先生と言われながら参加者から尊敬され、お金までもらっている。それに比べてこの僕は、お金を払ってこうやってその他大勢の中に埋もれている……。どうすれば、丸山さんのようにあちら側に行くことができるのか？　どのような努力をしたら、あの壇上に立てるのか？」

などと、初めてのセミナーにもかかわらず、私はセミナー講師としての丸山さんやこの講演を運営している主催者に対して強い関心と憧れを持ちました。そこで「いつかきっと自分も……」と思ったことが、今の私の原点となっています。

1章

超・短期間でセミナー講師になる法

1 子供の学校で講演をするメリット

「実績はあるのではなく、作るものです」

これは、ある先輩経営コンサルタントから聞いた言葉ですが、どんなベテラン講師や主催者にしても、最初の1回目は必ずあったはずです。

ものごとは、0から1を作り出すとき、非常に大きなエネルギーを必要としますが、1から2、2から3へと進んでいくにしたがって、徐々に楽になっていきます。

しかし多くの人は、0から1を作り出す苦労を恐れて、なかなか〝最初の一歩〟を踏み出すことができません。ですから、あなたがめざすセミナー講師や主催者としての第一歩は、比較的ハードルの低いところからスタートすることをおすすめします。

セミナーは、講師と主催者が参加者をどれだけ満足させられるか、が勝負です。最初の講演から、百戦錬磨の経営者やセミナー参加歴10年のような参加者の前で話すことを想像してみてください。おそらく、よほど心臓の強い人か人前でしゃべり慣れている人以外は、それだけで冷や汗が出てくるはずです。

そこで発想を変えて、最初は小学生や中学生の前で講演してみたらどうでしょか？　もちろん相手が小中学生でも、何十人もの前でスピーチをするとなると、それ相応に緊張するはずです。しかし相手は子供です。お金を払って聞きに来る一般のセミナー参加者に比べると、はるかにハードルは低いはずです。

では、どうすれば学校で講演をさせてもらえるのでしょうか？

もし、あなたに小中学生のお子さんがいれば、まずは直接、お子さんの学校に交渉してみてください。いきなり全校生徒の前での講演は無理かもしれませんが、各クラスの社会科の授業の一環としてなら、喜んで受けてもらえるはずです。

また、お子さんのいない方は、ご自分の出身学校に相談してみてください。「先輩として、後輩である子供たちに伝えたいことがある」と熱く交渉すれば、かなりの確率で講演させてもらうことができるはずです。

たとえば税理士なら、「小学生でもわかる、簡単なお金の仕組み」などというテーマもいいでしょう。

まずは、勇気を持って0から1を作り出していってください。

2 まず、有名セミナー講師と親しくなろう

ではここで、実際に私がどのようにしてこのセミナーの世界に入っていったのかをお話ししたいと思います。

プロローグにも書きましたが、私がセミナー講師になろうと思ったきっかけは、今では友人としてお付き合いさせていただいている丸山学さんの講演に出かけたことでしたが、私はその場で普通の参加者とは違う、ある行動に出たのです。

その行動とは、

「私も丸山さんのように、多くの人から尊敬されるセミナー講師になりたいと思っています。できましたら今後、いろいろと教えていただきたいので、今度そちらの事務所に遊びに行ってよろしいでしょうか？」

と、名刺交換の際、何のひねりもない直球を丸山さんに投げ込んだのです。そのときのきょとんとした丸山さんの顔は、今でも忘れることはできません。こんなことを急に言われたら、普通の講師ならその場でやんわりと、「今、忙しいので……」などと適当な理由

をつけて断ってもおかしくありませんが、そのときの丸山さんは私の気迫に圧倒されたのか、

「ご近所でもあるし、ぜひ一度事務所に遊びに来てください。今はスケジュールがわかりませんので、一度電話をください」

と最高の笑顔で言ってくれたのです。そこで私もすかさず、

「ありがとうございます。私は社交辞令が嫌いですので、早速明日お電話させていただきます」

と、丸山さんの人がいいことに付け込んで〝とどめ〟を差したのです。

こうして、今では丸山さんとジョイントセミナーを開催するまでになったわけですが、私自身、このやり方は非常に確率の低い〝奇襲作戦〟だと思っています。実際、私が同じことを提案されても、相手がよほどの人でないかぎり、やはり「今、忙しいので……」と断ってしまうはずです。

では、なぜあえてここで、このような確率の低い例をあげたかと言うと、「ダメ元でもいいから、積極的にチャレンジしたほうがあとから後悔しない……」ということを言いたかったからです。たとえ断られても、「元々なかったこと」として次の対策を考えればいいのです。

3 ボランティアスタッフになるメリットとは

1章の1で、

「実績はあるのではなく、作るものです」

と述べましたが、いきなりセミナー講師としてデビューするやり方として、すでに実績のある有名セミナー講師のお手伝いをしながら、現場で徐々に段取りや話し方の勉強をしていく、という方法があります。

セミナーの開催は講師1人ではできません。受付、司会、会場整理など、いろいろな人の協力によってセミナーは開かれます。そして、自主開催でセミナーを開く講師の中には、スタッフの手配に頭を痛めている人も少なくありません。

そこでそんな講師に、

「私にセミナーのお手伝いをさせてください。もちろん、お金（アルバイト料）など要りません。先生の近くで勉強させてください」

という人が現われれば、講師の中には「ありがとう。お願いします」と言う人だっているはずです。

ただし、どこの誰だかわからない人からいきなりそんなことを言われても、講師は戸惑います。ですから、お目当ての講師のセミナーに何回か通って、せめて顔と名前程度は覚えてもらう努力をしてから提案（お願い）してみてください。できればセミナー後の親睦会などで、少しお酒が入っているときのほうが、より効果的かもしれません

このボランティアスタッフになるメリットには、以下のようなものがあります。

1　セミナー開催の段取りがリアルに体験できる

2　今まで自分から名刺を交換しに行く立場だった人が、スタッフになったとたん、一般参加者から「名刺交換をお願いします」と言われ、主催者側の人間としてのステータスが手に入れられる

3　セミナー講師に恩を売ることができ、その後のセミナーだけでなく、ビジネスの場でもよりよいお付き合いができる可能性がある

いかがでしょうか？　ボランティアスタッフになれば、無料でセミナーが聞くことができるうえ、これだけのメリットがあるのです。セミナー講師をめざす人なら、チャレンジしない手はありません。

4 主催者になるメリットとは

有名セミナー講師のお手伝いであるボランティアスタッフを何回かこなしたあなたが、次にチャレンジするステップはズバリ、〝セミナーの主催者〟になることです。

ここで言う〝主催者〟とは、自ら講師としてスピーチするのではなく、外部から講師を招いて、あなたが仕切ってセミナーを開催するということです。

あなたはすでに、ボランティアスタッフとして、ひと通りセミナー開催の手順を学んでいるはずです。

しかし、いきなり無名のあなたがセミナー講師として壇上に立って話すといっても、有料の参加者ははたして何人集まるでしょうか？

ですから、まずは有名講師に来ていただき、あなた自身が主催してセミナーを開くのです。有名講師なら、その人のネームバリューで、ある程度の人数を集めることは可能です。

そこであなたは、〝有名講師を招いた主催者〟としての実績を手に入れるわけです。

他にも、有名セミナー講師を招いて自らが主催者となるメリットとして、以下のようなものがあります。

1　セミナー参加者の名簿が手に入る。これは、自分が講師となってセミナーを開催する際、強力な見込み客のリストとなる

2　有名セミナー講師を招いた主催者として、参加者や世間から、「特別な人、すごい人」というステータスを得ることができる（これを、ハロー効果やミラー効果などと言う）。

3　セミナーの打合せ等により、有名セミナー講師と親しくなることができ、さらに有益な情報を得ることが可能となる

では、どうすれば有名講師に来ていただき、セミナーを主催できるかを考えてみましょう。

まずは、ボランティアスタッフをさせていただいた講師に、お願いしてみるのがいいでしょう。ボランティアとしてお手伝いをしているため、あなたはその講師からある程度の信頼を得ているはずです。

また、あなたのスタッフとしての働きも見ているわけですから、〝頼み方しだい〟では、気持ちよく引き受けてくれるはずです。

頼み方のポイントはひとつです。

「そのセミナー講師にとってデメリットのない、メリットしかない提案をする」ということです。

たとえば、

「セミナーの集客・集金・会場と当日のスタッフの手配、その他すべてを引き受けます。そして、会場費とそれ以外にかかった必要経費を引いた売上げのすべてを、講師料としてお支払いさせていただきます」

と提案すればどうでしょうか？

その有名セミナー講師にとってデメリットはなく、メリットだけの提案と言えないでしょうか。

信頼関係がある程度できているのであれば、この提案を受け入れない講師のほうが少ないはずです。

5 たった5分のスピーチでも、今日からあなたはセミナー講師

さて、有名セミナー講師を招いて、主催者としてセミナーを開催する際、忘れずにやっていただきたいことが二つあります。

そのひとつは、ほんの5分でいいので、必ずあなたが壇上でスピーチをさせてもらうということです。

もちろん、主催者としての挨拶でも構いません（主催者が挨拶をすることに対して、文句を言う人はいないはずです）。

そして二つ目は、そのときの写真を必ず撮っておく、ということです。たった5分と言えども、あなたが参加者の前でスピーチをしたということは立派な実績になります。前にも書きましたが、実績があるのとないのとでは大違いで、それは今後、あなたの自信にもつながります。

そして、その証拠とも言うべき写真を撮って、あなたのホームページ、チラシ、DMなどに「セミナー主催実績」として掲載するのです。

▶たった５分のスピーチでも立派な実績に

ここで大切なことは、〝あなたが壇上でスピーチをしている〟という事実です。その事実（写真）こそが、それを見た相手に強烈な印象を与えるのです。

「この人は、人前で話すような（立派な）人なんだ」と。

壇上であなたが実際に話している写真があるのとないのとでは、信用は大きく異なってきます。その写真の価値は１００万円を超えると言っても過言ではないでしょう。

6 最初はやはり、ジョイントセミナー

さあ、ここまでくれば、あなたがセミナー講師として本格的にデビューする準備は、ほぼ整いました。

あとは、あなた自身がどのようなセミナーを開催してスピーチするかを考えるわけですが、最初からいきなりあなた1人での単独セミナーを企画する必要はないし、できればそれは避けるべきです。

初めてのセミナーは、すでにある程度有名な講師に、ゲストとして話していただく、ジョイントセミナーにするのがベストです。

その理由のひとつは、やはり〝集客力〟です。あなたがすでに、何らかの世界で有名なら別ですが、そうでない場合は、そう簡単に参加者を集めることはできません。最初のセミナーからガラガラの会場で講演をするという事態を避けるためにも、ここでも有名講師の名前を利用させてもらって人を集めましょう。

ただし、この場合も前にお話ししたように、一緒に出ていただきたい有名セミナー講師

にとってメリットしかない（あるいはメリットが多い）条件を出さなくては、相手からOKをもらうことはできません。とにかく、〝断ったら損〟と思ってもらえるような提案を出し、誠意を持って交渉してみてください。

有名講師とのジョイントセミナーのメリットは他にもあります。それは、有名セミナー講師目当てで来ていた参加者をあなたのファンにすることも可能、ということです。

これは、実際に私自身も体験したこと——カリスマ行政書士の丸山先生とのジョイントセミナーからスタートしたおかげで、丸山さんのファンだった士業（とくに行政書士）の方が、今では私の単独セミナーにも多く参加してくださっている事実——からも証明できます。

また何より、有名セミナー講師とセミナーを共同（ジョイント）開催したという事実が、あなた自身の講師としてのステータスをワンランク上げることになるのです。

2章

私がセミナー講師になれた理由

1 営業マンが雇えないからブログで集客

2003年の春に独立したとき、NTTの代理店を営み、主にフリーダイヤルや新規・増設の電話回線と中古のビジネスフォンを販売していました。独立当初は、たった1人の営業マンを雇うのがせいいっぱいだったため、発想を転換して、集客のためにダイレクトマーケティングを取り入れる目的でいろいろな本を読んでは勉強し、それを試してみることにしました。

折込みチラシ、電話帳広告（タウンページ）、FaxDM、夕刊紙の3行広告……。もちろん、その中には効果的なものもたくさんありました。しかしどの媒体にしても、「広告費の負担」が常に頭をよぎりました。

そこで私は、費用の比較的安い（場合によっては無料）、インターネットを使って新規のお客様を集客できないかと考え、タイトルにインターネットとつく本を片っ端から読んでいきました。しかし当時、電子メールすら1人でまともにできなかった私には、とても理解できる内容ではありませんでした。

そんなときにめぐり会ったのが、〝ブログ〟というアイテムでした（ブログとは、個人や法人が運営する、日々更新される日記的なＷｅｂサイトの総称）。もちろん、最初はまったく理解できませんでした。ですから当然、すべてが手探り状態でした。

そんな中、２００４年8月、当社の公式ブログ「超小予算ダイレクトマーケティングの考え方」はスタートしました。

ブログ「超小予算ダイレクトマーケティングの考え方」 http://next.livedoor.biz/

しかし、ブログ関連の本を読んでもなかなか理解できないことも多く、とにかく試行錯誤の連続でした。それでも、私は諦めずにブログを書き続けていったのです。

すると、はじめてから2ヶ月ほどたったある日、「フリーダイヤルの申込をお願いしたいのですが……」というメールをいただいたのです。正直言って、信じられませんでした。

なぜなら、ブログを書くのに必要だった費用は「￥０」。つまり「無料」だったからです。

「無料でお客様を見つけることができるなんて！」

それからの展開は、私の予想をはるかに超えるものでした。

2 ブログで個人コンサルをはじめる

私が書いているブログは、売上げに貢献するだけでなく、ひとつのメディアとしても注目され、私自身にも大きな変化をもたらしました

私のブログは、開設後わずか86日目にして、ライブドアというポータルサイトのビジネスランキングカテゴリーで当時4000を超えるブログ中、最高15位にランクインしました。さらには、「人気blogランキング」というブログ専門の人気投票サイトにおいても、部門別の1位を獲得することで、その世界で、一躍注目されるようになったのです。

そうなると今度は、「ビジネスブログの作成ノウハウを教えてもらいたい」という依頼が舞い込んで来るようになりました。最初の頃は、個別にアドバイスしていたのですが、こちらも本業の傍ら教えていたため、そのうち捌ききれなくなってしまいました。

そこで、「それならいっそのこと、セミナー形式で一度に多くの人たちに話したほうが効率もいい」と考えました。そして、何ともタイミングよく、私に初のブログセミナー講師の依頼が舞い込んできたのです。

3 無料セミナーで講師デビュー

セミナー講師デビューの話は突然やってきました。

それは、ベストセラーであるビジネス書『加速成功』の著者・道幸武久さんのマネージャーを勤めるインフォプレナーズジャパン株式会社の南さんからの電話でした。

それは、

「道幸会長のセミナーを受けた起業家と起業準備をされている方々約20名に、松尾さんが実際にやってきた「ビジネスブログのノウハウ」について講演していただけないでしょうか。ただし、そのセミナーは参加者からお金を取らないので、ボランティアで引き受けていただきたいのですが……」

という依頼でした。

元々、南さんとは飲み友達でもあり、道幸さんにも日頃からいろいろとお世話になっていたので恩返しの意味もあり、二つ返事で引き受けました。しかし無料での講演とは言え、大切な時間をわざわざ割いて来てくださる参加者にいい加減なセミナーはできません。ましてや、私にとっては初めてのセミナーです。

セミナーまでの2週間は、なれないレジュメ（参加者に配る資料）作りや話の構成を考えることで頭がいっぱいでした。

そして、「もう、これ以上は練習できない！」というところまでスピーチの訓練を繰り返し、そして迎えたセミナー当日。

講演は2部形式で参加者は1部、2部ともに12名程度と比較的少数だったため、思ったよりもアットホームな雰囲気で話すことができました。

講演中はたしかに緊張したものの、思ったほどあがることもなく、時間の経過とともにテンションも上がっていき、しだいに〝気持ちよくスピーチしている自分〟を意識することができるようになりました。

これは、聞いてくださっている方が無料で参加しているという思いと、私自身も気持ちのどこかで〝ボランティア（無料の）講師だから〟という気持ちが少なからずあったからでしょう。

しかし、あがらなかった最大の理由は、「もうこれ以上は練習できない」というところまでリハーサルを繰り返したからだと思っています。このことを経験した私は、セミナー講師として本番で失敗しない唯一の方法は、しっかりした準備と事前の練習だとつくづく感じました。

聞いた話では、舞台に立つプロの役者ですら、しっかりと練習ができなかったときはあがってしまうこともあるそうです。

ボランティアで引き受けたこのセミナー講師の経験ですが、私にはいくつもの収穫がありました。

そのひとつは売上げです。

「無料セミナーなのになぜ?」と思われるかもしれませんが、実は当日、「たとえ1セットでも売れたら」と思い、私が作成し、通常はネットでのみ販売しているビジネスブログマニュアル『毎日1000人の見込み客を連れてくる〝儲かるブログ〟の作り方DVDセミナー』(定価1万9800円・http://www.next-s.net/kigyou/kigyou02.html)を主催者の許可を得て持っていき、それとなく宣伝させてもらったのですが、何と用意していた8セットのすべてが当日完売したのです。

そのときは、〝今日は特別〟ということで割引をして1万5000円で販売したのですが、それでもわずか半日で12万円もの金額を稼ぐことができたのです。そして買っていた

だいた方々から、

「セミナーでたいへん参考になるお話を聞いたので、これならお金を払ってでも、松尾先生からブログのノウハウを学びたい……」

というううれしい声をいただき、なかには私のサインがほしいという方までいらっしゃったのです。

そしてこのことが、私のその後のセミナー活動への大きな自信となったのです。

また、この講師を勤めたことによって、今後、自分が主催するセミナー活動の方向性や注意点などが明確になるなど、得るものが多い初セミナーとなりました。

▶セミナーでは商材の販売も可能

4 初めての主催セミナー大作戦(1)——誰と組むか

無料ではありましたが、初めての講演を無事終えることができた私は早速、小社主催の有料セミナーの準備へと入りました。このとき、私がもっとも重視したことは集客です。

セミナーは、参加者がいて初めて成り立つ事業です。ましてや、初めての主催セミナーで会場がガラガラなどということは、絶対に避けなければなりません。

そこで考えたのが、セミナー講師として十分に実績があり、しかも名前が売れていて、すでに集客力のある有名講師を招いて、その方とジョイントセミナーを行なう、というやり方でした。

そこで思い浮かんだのが、日頃からよいお付き合いをさせていただいている、行政書士の丸山学さんです。丸山さんはちょうどこの頃、『ブログではじめる！　ノーリスク起業法のすべて』(同文舘出版)という書籍が売れに売れていた時期でしたので、私としてはうってつけの方でした。

しかし、すでに売れっ子講師であり、ベストセラーのビジネス書を何冊も出版している丸山さんです。いくら、日頃から仲よくしていただいているとはいえビジネスは別、と感じました。そこで私は、丸山さんが断る理由として想定されるすべての要素を排除した提案を考えました。

まずは、丸山さんにお支払いする講演料ですが、総収入のうち、会場費などかかった経費を引いたすべての売上げを丸山さんにお支払いし、私はこのセミナーから金銭的利益を得ないことにしました。

そして、集客のためのホームページの作成から会場の確保、また当日のスタッフの手配から運営までのすべてを私のほうで行ない、「丸山さんには、いっさい面倒なことはさせない」という提案です。

これは前章にも述べましたが、「相手にとってデメリットのない、メリットしかない提案」で、〝絶対にこの人と一緒にビジネスがしたい〟と思う方と縁を持つための有効な手段です。

そして、この提案を聞いた丸山さんはにっこりと笑いながら、

「わかりました。一緒にセミナーをしましょう。でも、講演料は折半でいいですよ。それから、当日のスタッフは私のところから2名出しますので、松尾さんも1人か2人連れて来てください」

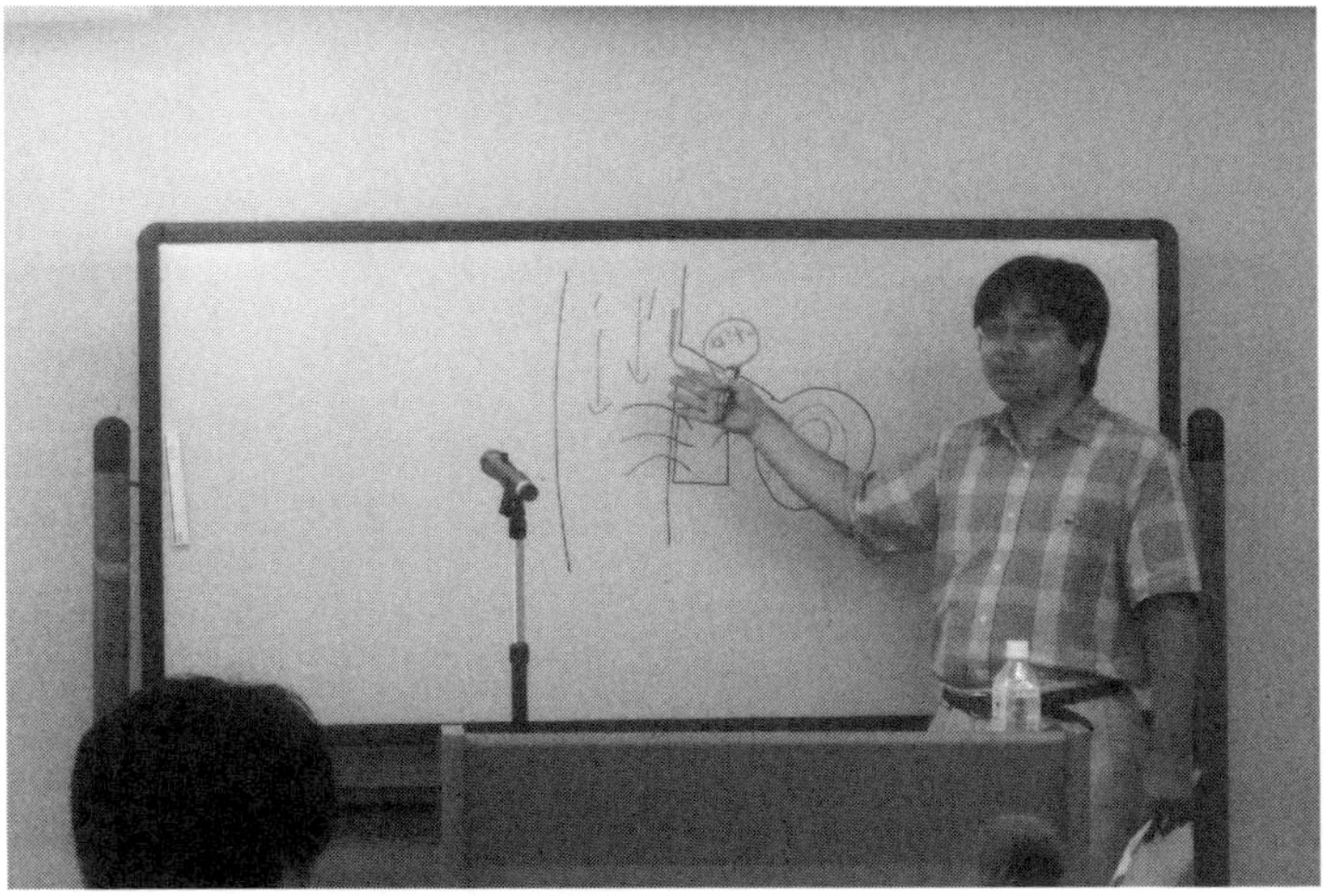

▶ジョイントセミナーでの丸山学氏

という、実にありがたいお返事をいただいたのです。とくに、「講演料は折半でいい」とは、何とも懐深く感じたものでした。

通常、ジョイントセミナーの場合は、講師としての力関係（人気、実績）で講師料の配分が決まるため、当時、人気も実績もほとんどなかった私は、最大でも丸山さんの半分以下だったはずです。それなのに丸山さんは、「折半でいい」とおっしゃってくださったのです。

本当にありがたく、いつか私がセミナー講師として成功したあかつきには10倍、いや100倍にしてお返ししようと思ったものでした。

5 初めての主催セミナー大作戦（2）——会場探し

セミナーの開催を約1ヶ月後の日曜日として、定員（満席）を40名に設定し、セミナーの価格（参加費用）を1人5500円と決めました。

そして開催場所は、都内で比較的交通の便のいい新宿、渋谷、池袋を候補地として、その予算をだいたい5万円くらいでインターネットの検索を使って探してみましたが、これがなかなか思うようにいきませんでした。きれいなセミナールームだと思えば駅から遠く、駅から近くて会場がきれいだと思えば、予算の倍近い料金だったのです。

3時間かけて、やっとの思いで見つけた五つの会場に電話で当日の空き状況を確認してみたところ、第一候補から第四候補までのすべてが先約済み。そして電話口からは、「この時期はどこもいっぱいじゃないですか？」という厳しい言葉が返ってきました。

ふだんポジティブな私もさすがに、「1ヶ月前の予約では甘かったか？」という思いが駆けめぐり、第五候補の会場で初めて、「まだ、空いていますよ」という返事があったときは、「よし、これでセミナーができる！」と小さくガッツポーズをきめたものでした。

6 初めての主催セミナー大作戦(3) ——売れるホームページを作る

セミナーの集客は、最初からインターネットだけを使おうと決めていました。これは、低料金で全国の人たちに一瞬で告知できるというメリットがあるからです。しかし本音を言うと、当時の私には、「多くの予算をかけて集客するほどの余裕がなかった」のです。

そしてそうと決まれば、セミナーの告知をするためのホームページ作りです。私はまず、今回開催するセミナーと同じような、他社のブログ関連のセミナー告知ページを見つけて、そのいくつかをピックアップしました。そして、それぞれのページのどこがいいと思ったのか？　どこに目を引かれたか？　どの言葉が印象に残ったか？　を考えて抜き出し、自分のホームページづくりに応用したのです。

これは、自分で闇雲に考えて1から作っていくより、よくできているものの真似をして参考にしたほうがはるかには効率的で、何よりクオリティーの高いものができる、と考えたからです。

そして、セミナー告知のためのホームページの原稿を作ると、そこから先はホームページ製作の専門家にお願いしました。

「餅は餅屋」という諺がありますが、私はビジネスでは少しぐらいのお金を払ってでも、自分が得意ではないことはその道の専門家に任せて、その空いた時間で自分の得意分野でお金を稼ぐべきだと考えているからです。

とくにホームページやブログは、ある程度時間さえかければ、それほどお金をかけずに作ることができるため、「何とか自分で作製しよう」とがんばってしまいがちですが、素人が作ったページはどうしても貧乏くさく見え、それを管理している会社や個人自体も安っぽい印象を与えてしまうことが往々にしてあります。その結果、さっぱり商品が売れないホームページになってしまうというケースが少なくないのです。

専門家に頼んだセミナー告知のホームページはわずか3日間で仕上がり、それを初めて見た私は直感的に、「これならいける！」と感じました。一緒に講師を勤めていただく丸山さんにも確認してもらい、無事ＯＫをいただくことができました。そして、セミナー開催の3週間前にやっと、当社主催の初セミナー『第1回 ビジネスブログ勉強会』の告知がネット上にアップされたのです。

7 初めての主催セミナー大作戦（4）
――メルマガで集客

こうして、セミナー告知のホームページができ上がりましたが、どんなによくできたホームページも、その対象者に見てもらわなくては意味がありません。

ホームページは、現実のビジネスにたとえると、〝呼び込みのいない店〟と言うことができます。どんなによい商品がたくさんあって、どんなに安く販売している店も、お客様がその店の存在に気づき、わざわざ足を運んでくれなければ売れません。

そのため呼び込みを雇って、「あそこにいい店（ホームページ）がオープンしましたよ！」とアナウンスする必要があるのです。その呼び込みの役割をはたすのが、メールマガジンなのです。

メールマガジンとは、電子メールを使って発行されるメール雑誌のことです。発行者は登録の許可をもらった購読者に定期的にメールを送り、いろいろな情報を届けることができます。その発行者は、企業や個人などさまざまで、その内容も会社による商品情報や読み物など多岐にわたっています。日本では、「まぐまぐ」を代表とする配信スタンドが無料で利用できるため、多くの人が趣味やビジネスに利用しています。

メールマガジンは、一度読者から登録してもらうことができれば、相手が解除する（登録をやめる）まで、発行者側から何度でもメールを使って営業できる〝攻めのメディア〟です。

また、このメールマガジンに登録している人の数は、そのまま「見込み客の数」になりますから、読者の数を増やせば増やすほど、売りたいものが売りやすくなるという仕組みになっています。

私は、自分が発行しているメールマガジン『超小予算ダイレクトマーケティングの考え方』で、当時の読者3500名にセミナーのお知らせをしてホームページに誘導し、また一緒に講師を勤めてくださる丸山さんのメールマガジン（登録者約5000名）でも同様の案内をしていただいたため、次々と参加申込みのメールが私のメールボックスに入ってきました。

そして、その日だけで定員の40名に対して半数以上の25名の申し込みがあり、結局、正式告知後わずか5日で満席になり、キャンセル待ちのお客様も出るほどの集客に成功したのです。

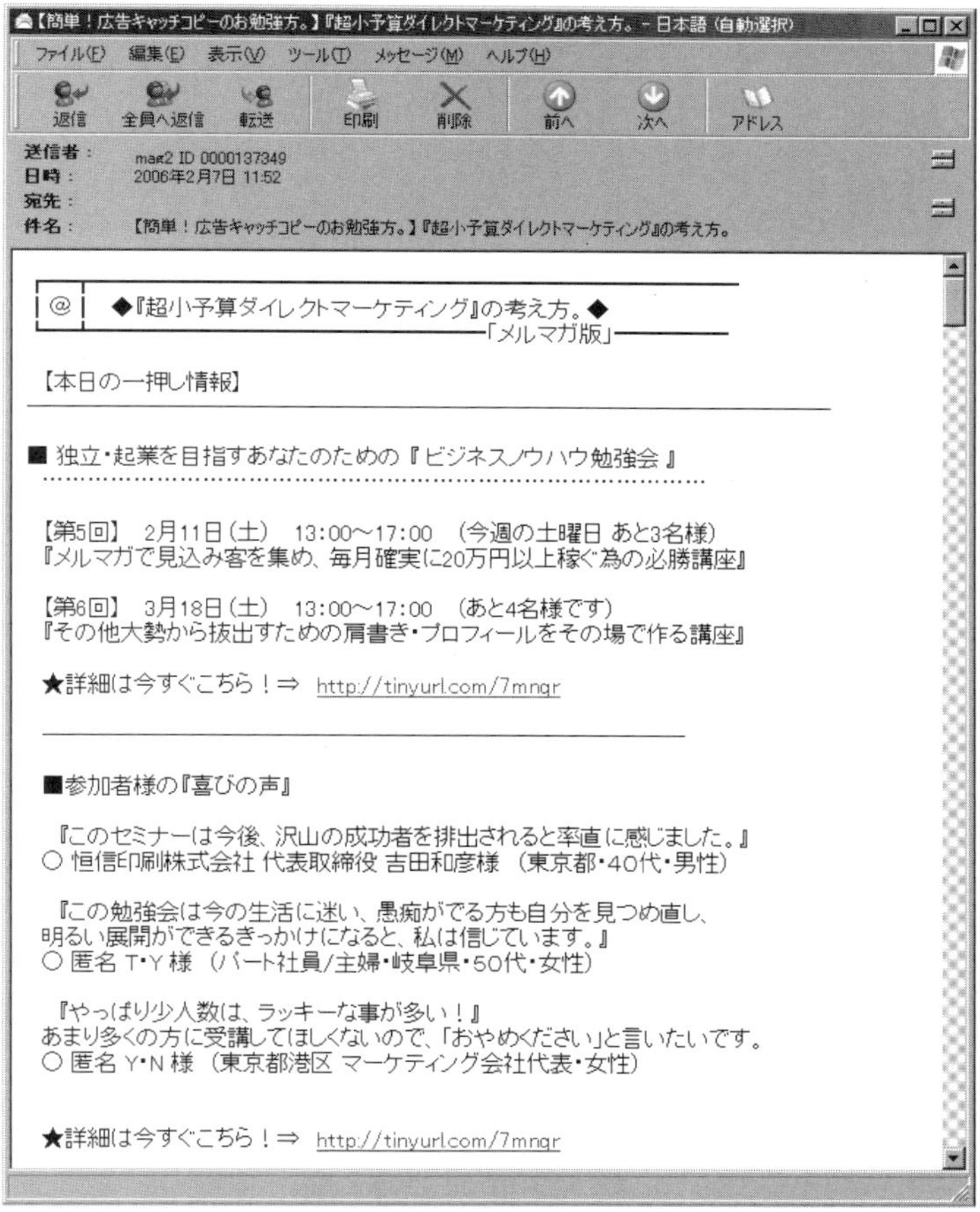
【簡単！広告キャッチコピーのお勉強方。】『超小予算ダイレクトマーケティング』の考え方。- 日本語（自動選択）
ファイル(F) 編集(E) 表示(V) ツール(T) メッセージ(M) ヘルプ(H)
返信 全員へ返信 転送 印刷 削除 前へ 次へ アドレス
送信者： mag2 ID 0000137349
日時： 2006年2月7日 11:52
宛先：
件名： 【簡単！広告キャッチコピーのお勉強方。】『超小予算ダイレクトマーケティング』の考え方。
@ ◆『超小予算ダイレクトマーケティング』の考え方。◆
「メルマガ版」
【本日の一押し情報】
■ 独立・起業を目指すあなたのための『ビジネスノウハウ勉強会』
【第5回】 2月11日（土） 13:00〜17:00 （今週の土曜日 あと3名様）
『メルマガで見込み客を集め、毎月確実に20万円以上稼ぐ為の必勝講座』
【第6回】 3月18日（土） 13:00〜17:00 （あと4名様です）
『その他大勢から抜出すための肩書き・プロフィールをその場で作る講座』
★詳細は今すぐこちら！⇒ http://tinyurl.com/7mnqr
■参加者様の『喜びの声』
『このセミナーは今後、沢山の成功者を排出されると率直に感じました。』
○ 恒信印刷株式会社 代表取締役 吉田和彦様 （東京都・40代・男性）
『この勉強会は今の生活に迷い、愚痴がでる方も自分を見つめ直し、
明るい展開ができるきっかけになると、私は信じています。』
○ 匿名 T・Y 様 （パート社員/主婦・岐阜県・50代・女性）
『やっぱり少人数は、ラッキーな事が多い！』
あまり多くの方に受講してほしくないので、「おやめください」と言いたいです。
○ 匿名 Y・N 様 （東京都港区 マーケティング会社代表・女性）
★詳細は今すぐこちら！⇒ http://tinyurl.com/7mnqr

▶メールマガジンは集客に効果バツグン

3章

セミナー講師への道

1 内助の功で危機を乗り切る

セミナーの開催まであと1週間と迫った日の朝、私はとんでもないことを思い出していました。

それは、このセミナーで一緒に講演をしていただく丸山さんが、ジョイントセミナーを引き受けてくださったときに言った、あのひと言です。

それは、「セミナー当日のスタッフは私のところから2名出しますので、松尾さんも1人か2人連れてきてください」という依頼でした。

セミナーは、講師だけでは開催することはできません。協力してくれるスタッフがいてこそ、円滑なセミナーが運営できるのです。その大事なスタッフの手配を、私は他のことに気をとられていたため、すっかり忘れていたのです。

丸山さんは、初めてセミナーを主催する私に気を遣って、最低人数として〝1人か2人〟と言ってくださったはずです。それを、まさか〝1人（だけ）〟しか連れていかない、というわけにはいきません。やはり最低、2人はスタッフとしてこちらから用意しなくてはなりません。

そのとき、1人のスタッフ候補はすぐに思い浮かびました。私の友人で、ブログも運営し、また「あの丸山先生の講演が無料で聞けるなら」と、二つ返事で引き受けてくれたK君です。

しかし、問題はもう1名です。事前の打合せで丸山さんから、「受付は女性がいいですね。松尾さんの会社とうちの事務所から、それぞれ1名ずつ出して2名体制にしましょう」と言われていたので、受付ができそうな女性を一所懸命思い浮かべてはみたのですが、これがなかなか出てきません。

今でこそ、数多くのセミナーを運営し講師を勤めたことでファンのような方も増えて、「松尾先生のセミナーなら、喜んで受付でも司会でもやらせてもらいます」と言ってくれる女性が少なからずいますが、なにぶん当時は、まったく無名の一般人です。どこの馬の骨かもわからない講師のために、仕事を手伝ってくれる女性などいない、と思い込んでいました。

さて、そうなると、最終的には身内に頼むしかありません。身内の女性といえば、やはり妻です。こうなったらもう、妻に頭を下げて頼むしかありませんでした。

渋る妻に事情を説明し、「今回だけ」という条件で、何とか受付を引き受けてもらったのですが、ここで妻から意外な提案がありました。

「私、そのセミナーのときだけ旧姓を名乗って、せっかくだからその名刺（旧姓の）も作ろうかしら……」

たしかに、スタッフも参加者から名刺交換をお願いされることがあるため、受付と講師が同じ苗字では、いかにも人手が足りなくて「身内が手伝っている」と思われかねません。

セミナーに参加される方は、「自分が払った費用に見合ったセミナーなのか？」と、常にいろいろなところを見ています。それは講師の講演内容だけでなく、スタッフの動きや会場の設備などのすべてです。

そう考えると、〝内助の功〟も美談にはならず、逆にセミナーを安く運営するための手段と思われてしまうかも知れません。

そのような誤解を招かないためにも、妻には1スタッフとして、旧姓の名刺を持って協力してもらうことにしました。

2 初の有料セミナーに挑戦

平成17年2月20日。『第1回　ビジネスブログ勉強会』の当日は、朝からあわただしい1日となりました。

いつもより早く目覚めてベッドから飛び起き、シャワーを浴びながらいつもより入念に髭を剃り、誰もいないオフィスに8時前に出社して、当日の講義内容を、レジュメを見ながらもう一度しっかりと復習し、頭の中で何度もシミュレーションをしながら、徐々に気分を高めていきました。

しかし、少し気合が入りすぎていたせいか、セミナー会場に開演予定の2時間も前に到着し、ここでも1人ぶつぶつとお経のようにスピーチの内容をつぶやいていたのでした。

そうこうしているうちに、受付を担当してくれる妻が子供を実家に預けて駆けつけ、次に友人の男性、そして2名のスタッフを引き連れた丸山さんが開演1時間前に到着。丸山さんが中心となって、最終的な打合せをして参加者の来場を待ちました。

そして、開演時間の2時30分には、雨天にもかかわらず欠席者もほとんどなく、会場は

40人の参加者で埋め尽くされたのです。

講義は、私と丸山さんがそれぞれ単独で45分ずつ担当し、残りの30分を2人のトークセッションと参加者からの質疑応答に割り当てる予定でしたが、丸山さんからの「初めに話したほうが気が楽ではありませんか？」という計らいで、最初に私がスピーチをすることになりました。壇上から見る40名は思いのほか多く感じられ、大切なお金を出してわざわざ日曜日に足を運んでくれた80の瞳が、今までに私が体験したことのない緊張の世界へと導きました。

「あれっ、なんだか調子がおかしい……」

話をはじめて5分もしないうちに、1ヶ月前の無料セミナーで余裕を持ってスピーチをしたときとの違いに気づき、明らかに動揺してしまいました。そして頭の中が真っ白に。

「落ち着け、落ち着け。大丈夫だ。あんなに練習したじゃないか。それに、ここに来てくれている人のほとんどは、私のブログを読んでいる人たちだ。そう、私の話に興味があるのだから、普通に話せばきっと満足してもらえるはずだ」

頭の中が真っ白な状態で、もう1人の冷静な自分がそうささやきました。

「そうだ、大丈夫だ。ここにいる人たちは敵じゃない。みんな、私の話を聞きに来ているんだ」

そう思いながら壇上で静かに深呼吸し、ふと会場の奥に目をやると、そこには見慣れた妻や微笑みながらこちらを見ている丸山さんの顔がありました。そして前の席には、一般参加者に混じった友人の顔も見えました。

私はそんな光景に安心感を覚え、徐々に自分のペースをつかんでいったのです。それからは、準備してきたレジュメに沿って、ときには笑いを交えながら、テンポよく話すことができました。

そして、私の持ち時間の最後に、

「以上で私の講義は終わります。最後までお聞きいただき、誠にありがとうございます」

と言った瞬間に湧き上がった大きな拍手。

この拍手を背中に浴びながら壇上から降りるときの、何とも言えない気持ちよさは、今まで一度も味わったことのない感覚でした。

「これが、セミナー講師冥利というものか？」

私はこのとき知ってしまったのです。人前でスピーチを行ない、聴衆に受け入れられたときだけに感じる緊張感とその喜びを。

後日、私はこのときの経験を教訓として、壇上であがらないために、

- **（本番までに）自分が納得するまで練習をして、準備の妥協はしない**
- **参加者はみんな自分のファンであると思い込む**
- **（招待客としてでも）会場の中に気のおけない人を数名入れておく**

という三つが大切であると悟り、以後のセミナーから取り入れたのです。

3 参加者のアンケートで合格点

セミナーの翌日、まだ前日の興奮が冷めやらない私は、冷静に昨日のことを振り返るために、恐る恐る参加者に書いていただいたアンケートに目を通したのですが、そこには信じられないほどうれしい言葉が記入されていました。

「松尾社長がお話しされた、HP、ブログ、メルマガの複合的な戦略が、たいへんためになりました」

「松尾さんの講義もたいへんわかりやすいものでした」

「たとえ話が多く、まったくの初心者の私にもよく理解できました。松尾さん、これからもよろしくお願いいたします」

「講師のお2人とも堂々とお話しされ、とても引き込まれる内容でした。また参加したいと思います」

セミナーのアンケート結果は、講師にとっては通信簿のようなものです。私はその初めての通信簿を見て、一人で泣いてしまったほどです。

今回のセミナーは、人気ベテラン講師の丸山さんとのジョイントセミナーだったため、アンケートには丸山さんを評価するコメントが書かれていることは予想していましたが、私を評価してくれる人がこんなにいたとは。

スピーチ後に拍手をいただいていたので、「何とか及第点ぐらいでは？」という淡い期待はありましたが、こうやってあらためて参加者から高い評価をいただき、感慨もひとしおでした。そして、

「これからもセミナー講師としてやっていける。そして、もっともっと勉強して参加者のみなさんに喜んでもらえるような講師になるんだ！」

と、自分自身にコミット（約束）をした瞬間でもありました。

4 セミナー講師を育てる事業を志す

こうして、初めてのセミナーの小さな成功をきっかけに、私はブログセミナーの講師としてのステップを踏み出し、順調に活動をはじめていきました。私のセミナースタイルは、基本的には当社が企画運営し、私自身が講師としてスピーチするという形ですが、ときには他社が運営するセミナーにゲスト講師として呼ばれて話をしたり、友人のセミナーのお手伝いをするなど、とにかく、なるべく多くのセミナーに関わることで、セミナー自体の運営方法などもその時期に吸収していきました。

そんなある日、経営コンサルタントをしている友人と、いつもの居酒屋で飲みながらビジネス談義に花を咲かせていると、

「松尾さんは短期間でセミナー講師になって、今では毎週のように講演していますが、どうすれば、そうやってセミナーを開催したり、講師として人前で話すことができるようになるのですか？　自分もそうですが、コンサルタントや資格を持って仕事をしている税理士や行政書士の多くはセミナーを開きたがっています。そんな人たちにとって、松尾さん

が持っているセミナー開催のノウハウはとても貴重な情報のはずです」

と言われたのです。

それから数日しても、友人のその言葉が頭に引っかかっていたので、私の持っているセミナー開催のノウハウが、〝誰に、どのように役に立ち〟、そして〝その価値はどれぐらいあるのか？〟を大きなスケッチブックに書き出し、自分なりに考えてみました。

そこでまず私は、まだセミナーを開催する前（数ヶ月前）の自分自身を思い出し、そのときに、今の私が持っているさまざまな情報やノウハウが、もしそのときにあったとしたらどれだけ役に立つか？　また、いくらぐらいならその情報がほしいか、を冷静に振り返ってみました。

そこでわかったことは、

・セミナーの運営に関する書籍・情報はほとんどない
・セミナー講師育成やセミナー講師になるための方法が書かれた書籍・情報もほとんどない
・その結果、その類いの情報なら10万円以上出しても入手したいそうです。セミナー講師や主催者になりたくても、その具体的なノウハウはほとんど世に出ておらず、私は回り道をして時間を浪費し、さらにトライアンドエラーを繰り返しながらここまで来たのです。ですから、少しぐらいのお金を払ってでも、当時そのような情報があれば、必ず手に入れていたはずです。

ビジネスとは、需要と供給のバランスによって成り立っています。モノやサービスを売る人とそれがほしい人がいて、初めて売買が成立するのです。

ということは、「セミナー開催に関して私が実践してきた情報を世に出せば、当時の自分のような状況の人からはたいへん喜ばれ、そしてビジネスになるのではないか？」という仮説が成り立ちます。

そうなると、この仮説を検証するしかありません。私は、友人のコンサルタントや士業の方たちの中で、まだセミナーを開催したり講師をしたことがない人たちから、そのことについて、簡単なアンケートを取ってみました。

すると、ほとんどの人から、

「セミナー開催に関しての体系的なノウハウがあれば、その情報を知りたいし、多少高くても購入したい」

という結果が得られました。

これを元に私は、『人生を劇的に変化させたい起業家のための セミナー講師&主催者戦略セミナー』という、セミナー講師と主催者になりたい人向けのセミナーを開催しました。これは、参加費用が3万円と高額であるにもかかわらず、予想通り、この情報を知りたいという意識の高い起業家が全国から集まり、大成功を収めました。

そしてうれしいことに、

「松尾先生のセミナーを受けたおかげで、私も来月、講師としてデビューします」

「有名講師をお呼びし、当社主催でセミナーを開催しました。これも松尾先生のおかげです」

などという喜びの手紙やメールを数人からいただきました。

4章

セミナーは利益率80％のビジネスモデル

1 〝セミナー〟というビジネス

安くて利益率の低いものを大量に販売する従来型のビジネスモデルは、現代の日本では、その役割を終えようとしています。あのマクドナルドでさえ、主力商品であるハンバーガーを、大幅に値下げして販売をはじめた頃から経営がおかしくなり、結局は価格を元に戻したことはみなさんの記憶にも新しいことでしょう。ならば、われわれのような零細起業家は、ますますそこのところを考えなくてはなりません。

安くて利益率の低いものを大量に売るのではなく、高い値段で、なおかつ利益率も高いものを販売する。そうです、利益が常に7～8割あるビジネスならば、手元に残るキャッシュは潤沢なため、運転資金などがショートすることもありません。

そして、「セミナー」をひとつのビジネスと考えたとき、まさにこの「高い値段で、なおかつ利益率も高い商品を販売する」という法則が当てはまるのです。

実際、私が主催するセミナーの利益率は80％近くあり、1回のセミナーでの利益（総売上げから、かかった費用を引いた金額）も100万円を超すことが少なくありません。

当社主催のセミナー収支報告

収　入

セミナー参加費用	1名	40，000円
定員（満席）		30名
総収入		1，200，000円

支　出

会場費	50，000円
テキスト代（その他）	30，000円
お弁当・お茶	50，000円
広告費	70，000円
人件費	0円
総支出	200，000円

収　入

収入　1，200，000円　－　支出　200，000円
＝　1，000，000円

今どき、たった1日で120万の売上げがあり、なおかつその80％が利益として残るビジネスが他にあるでしょうか？

では次に、どうすればセミナーがこのようなすばらしいビジネスモデルになるのか、について説明していきましょう。

2 商品（講師）を無料、または安く調達する法

セミナーの商品は、セミナー講師自身のパフォーマンス（スピーチ）ですから、自社でセミナーを主催し、自らが講師をした場合は、基本的に仕入れというものが発生することはありません。

ビジネスにはいろいろなものがありますが、仕入れの要らない商売はそれほどありません。仕入れがなければ当然、ムダな在庫を抱えることも、商品を腐らせることもありません。

また、自らスピーチをせずに外部から講師を呼んでセミナーを主催する場合も、あなたが思っているほどの講師料を払わなくても、よい講演をしてくれる方は、周りを探せば少なからずいるものです。

たとえば、あなたが経営者なら、友人にも社長が多いことでしょう。そしてその中には、ある特定の分野で、小さくても成功を収めている方が少なからずいるはずです。ならばそのような方に講師を依頼し、その成功ノウハウを聞きたい人に向けて講演していただいた

らどうでしょう。

今はそれほど世間に知られていなくても、その業界では有名な、〝知る人ぞ知る講師〟を、あなたが発掘してあげるのです。

そして、その方に本書の5章でくわしく解説する〝講師のメリット〟をしっかり説明すれば、無料かほんのわずかな講演料で引き受けてくれるかもしれません。

自ら講師をするにしても、外部から講師を連れてくるにしても、やり方しだいでは安い仕入れで、すばらしい商品（講演）をお客様（参加者）に提供することが可能なのです。

3 セミナーは、オンリーワン商品だから高く売れる

「セミナービジネスでの商品は講師の話」ということは前項で述べましたが、そのスピーチの元となるのは、やはり講師の経験と知識です。

そしてそれは、講師自らの仕事や趣味のノウハウであるわけですが、それはすべて本人の過去の体験や本などから得た知識を自分なりにアレンジして、トライアンドエラーを繰り返した結果であるため、別の講師が同じ内容を参加者に伝えることは不可能です。

ということは、すべての講師の講演（スピーチ）はオンリーワン商品であり、だからこそ高く売ることが可能なのです。

また、その体験は成功したことだけでなく、ときには失敗したことすら商品となります。たとえば有名な例では、倒産したヤオハンの創業者である和田一夫氏は、「自分の会社は、どうして大きな負債を抱えて潰れてしまったのか」を自身の経験を元に分析して、現役の経営者やこれから起業しようとしている方に向けて、「私と同じことをするな！」と言って全国をまわり、それを聞いた多くの人から感謝されています。

4 セミナーの参加料金はどのような基準で決めるのか？

セミナーの価格は、主催者と講師の考え方ひとつでどのようにも設定することができますが、私自身が多くのセミナーに参加した経験から、とくに気づいた法則を以下に述べてみます。

1 価格と時間

1時間のセミナーより2時間のセミナー、半日より終日のセミナーのほうがセミナーの価格は高くなる傾向があります。

2 講師のネームバリュー

無名のセミナー講師より有名セミナー講師のほうが、圧倒的に高く価格が設定されています。

3 主催者のネームバリュー

誰も知らない会社がセミナーを主催するより、有名なコンサルティング会社が主催したほうが当然、そのブランドによって高い価格設定ができます。

4 対象参加者

たとえばセミナーの対象者が、町の零細企業の社長より弁護士や開業医師などのほうが高く価格を設定できることは間違いありません。

以上のようなことを踏まえて、比較的無名で講師も初めてという人が講演し、参加者が20〜30名という場合の価格設定は、以下のような基準で考えていただければいいでしょう。セミナー講師1名で、セミナー時間が2〜3時間の場合は、参加料金1名がおよそ3000円、セミナー講師2名（ジョイントセミナー）で、セミナー時間が2〜3時間の場合は、参加料金1名でおよそ5000円〜6000円程度が妥当でしょう。

そして、比較的無名なセミナー講師（ジョイントの場合、2人とも無名で初心者）の場合は、時間がこれ以上長くなったり、参加人数が少ない場合（または増えたり）でも、これ以上の価格設定はむずかしいでしょう。

ただし例外として、旬なテーマで多くの人が知りたいのにそのノウハウを持っている人が少ないという場合は、強気な価格設定も可能です

ちなみに私の場合は、本書にも書いてあるように、最初は無料セミナーで講演し、次の

有名講師とのジョイントセミナーで、初めて5000円をいただきました。

そして、その後同じような料金でセミナー講演を重ね、実力とネームバリューが上がっていくにしたがって、参加料金を少しずつ高額にしていったのです。

5 セミナーに付加価値をつけて、さらに価格を高く設定する法

セミナーの価格設定の方法については、前項で述べたような方法もありますが、最終的には参加者本人に、「この値段でこのセミナーは妥当だ」と思っていただければいいわけです。

私は現在（平成18年4月）、50を超えるセミナーを主催し講師として講演してきましたが、最初の頃は参加費が無料のものや、ほんの数千円というものもありました。

しかし、セミナーをビジネスとしてとらえたとき、「高くても、参加者が満足する質の高いセミナーを開催し、会社としてもしっかりと利益が取れる仕組みを作る」ということを念頭に置くようになり、それからは基本的に、ある程度高額なセミナーを企画することにしました。

そして、そのときもっとも考えたことは、セミナーでの講演内容の質をよくするだけでなく、そのセミナーに多くの付加価値をつけることで高級感を演出し、参加者に金額以上のお得感を持ってもらえるようにする、ということでした。

たとえば、私が最近開催したセミナー『人生を劇的に変化させたい起業家のための、セミナー講師&主催者 戦略セミナー』は、4万8000円という価格設定にしたのですが、以下のような付加価値をつけたことによって、25名の定員がすぐに埋まりました。

そして参加者からも、「価格以上の価値がある、すばらしいセミナーでした」という喜びの声をたくさんいただき、会社としても十分に利益の出るビジネスとなりました。

高級感を演出する付加価値とは、以下のようなものです。

（1）セミナー時間を通常の2倍から3倍の6時間半として、ほぼ1日を費やすセミナーにした（ボリュームの充実）

（2）私の他に講師をもう1名呼び、第一部を私、第二部をゲスト講師に担当してもらい、専門の違う（セミナー内容の大元は同じだが、深い分野で異なる）話を、2人のスペシャリストから聞けるという、言うならば〝一粒で二度おいしいセミナー〟にした（ジョイントセミナーのよさを体感していただく）

（3）昼食を主催者側で用意し、それも、ふだんではなかなか食べることができないような豪華な会席弁当を用意して、参加者に喜んでいただく工夫をした。また、昼食を全員が同じ場所で食べることによって、参加者同士の横のコミュニケーションや、

参加者と講師やスタッフとの会話が自由にできる時間を設けて人脈作りに役立ててもらった

（4）参加費用以上の金額のお土産をつけることにより、「参加しなくては損」と思わせるようにした。具体的には、当社で販売しているビジネス教材（販売価格4万円相当の情報商材）を参加者全員にプレゼント

このように、主催者がセミナーの価格を高く設定するための知恵を絞りに絞って、参加者から喜んでいただくことができれば、決して「高いセミナーは人が集まらない」などということはないのです。

またその結果、主催者もしっかり利益を確保することができ、ビジネスとして立派に成立するのです。

6 セミナーに人件費をかけてはならない

人件費は、セミナーにかぎらずほとんどのビジネスにとって大きな出費になりますから、極力人件費を抑える工夫が必要です。

当社では、参加者が50名程度までの規模のセミナーでは、以下のようにスタッフを配置しています。

受付2人程度と司会者が1名。この3名は、基本的に女性にやっていただいています。そして、会場での机や椅子の移動などに必要な力仕事を担当してくれる男性スタッフは1名いれば十分ですから、50名までのセミナーなら、スタッフは4名程度で対応可能です。

また、受付の女性は司会者を兼任することもできますし、力仕事は講師自らが率先してやれば、最低2人のスタッフが協力してくれれば何とかなります。そしてその少ないスタッフも、ボランティアとして参加してもらうシステムを作れば、セミナーでの人件費はほとんどタダとなるわけです。

7 広告宣伝費はネットを使えば安くできる

当社主催のセミナーは、基本的にはインターネットを使って告知・集客していますので、広告費が他の媒体に比べて極端に安くなっています。

たとえば、10万人に自社のセミナーを告知したい場合、新聞や雑誌、折込広告などの紙媒体に広告を打った場合、いったいどれくらいの広告費がかかるのでしょうか？

折込広告なら、単純に紙代を1枚10円としても、それだけで１００万円の費用がかかります（実際は印刷代と折込料金がかかり、２００万円を超えるはず）。

ところが、同じ10万人にセミナーを告知するにしても、メールマガジン広告なら、その10分の1のおよそ10万円ですんでしまいます（メールマガジンでは読者1人当たり、およそ1円の広告費を設定しているところが一般的）。

8 リピートされる仕組みを作ろう

セミナーにかぎらず「売れる仕組み」とは、「集客→商品の提供→リピート」という流れを作ることです。リピート（顧客化）とは、一回買ってくださったお客様に、再度商品（サービス）を買っていただくことです。

そして、そのリピーターに「また、この店で買おう」と思わせる仕掛けや仕組みを作ることこそ、長く続くビジネスの基本なのです。

もちろんセミナーも同様で、初めて来ていただいた参加者に次のセミナーに来ていただいてこそ、安定したビジネスが成立します。

当社では、その仕掛けのひとつとして、セミナータイトルの頭に、

「第○回」

と、開催回数をつけることがあります。これは既存の参加者にとっては、「この続きも

ある」という暗黙のメッセージとなり、一度満足していただいた方のリピートに役立ちます。

また、初めてこのセミナーの告知を見た人にとっても、「もうすでに何回か実績のあるセミナー」という安心感を与えることができるため、新規客の集客にも役立ちます。

しかし、セミナーでリピートしてもらえる最大の要因は、「参加してよかった」という「顧客満足」を得ることに尽きますから、参加者の期待を上回るセミナーにすることこそ、主催者と講師が一番に考えなくてはならないことなのです。

▶リピートさせる仕組みを作ろう

5章

セミナーの利益はここにある！

1 セミナー講師は強力なブランド

日本では、人にものを教える仕事をしている人を〝先生〟と呼びます。

セミナー講師も〝先生〟と呼ばれる職業ですが、セミナー講師は他の〝先生〟とは違って、特別な国家資格、あるいは免許などを取得する必要がありません。

しかし、「セミナー講師」であるという事実が「信頼」となり、ひとつの「ブランド」ができ、そのブランドを名刺代わりに使うことによって、顧客の獲得が容易になることもまた事実です。

たとえば、あなたがある商品を購入しようと思ったとき、同じような商材を扱っている2人の営業マンがいたとします。

Aさんは、単にその商品を売っているだけの営業マンで、Bさんは、その商品のよさをより多くの人に広めようと、講演活動を精力的にこなして〝先生〟と呼ばれています。さて、あなたはどちらから商品を買いますか?

同じような商品でなおかつ価格も同じなら、ほとんどの人は迷うことなく、後者から購入することでしょう。いや、多少値段が高くても、Bさんから買う人も少なからずいるはずです。

これが、セミナー講師の信頼でありブランド力なのです。

これは、近所の激安店で安く販売している商品を買わずに、わざわざ遠くの老舗デパートで買い物をするお客様の心理にも似ています。お客様は、その商品の品質だけでなく、それにまつわる付加価値にもお金を払っているのです。

セミナー講師になるまではどこにでもいる平凡な零細企業の社長が、セミナー講師になったとたん、仕事がどんどん舞い込んで来るようになり、頼みもしないのにマスコミから取材され、出版の話まで来てしまう。またセミナー終了後、「先生！　一緒に写真を撮ってください」と言われたり、サインをねだられることもあります。

セミナー講師は、資格の要らない〝先生〟です。しかし、それでも多くの人から信頼される「ブランド」なのです。

あなたが、〝先生〟と言われてビジネスを優位に展開したければ、今すぐセミナー講師になることをおすすめします。

2 セミナー講師からベストセラー作家へ

セミナー講師と同じく、日本では本を書いた人のことを〝先生〟という敬称をつけて呼びます。そして本を出版すると、講演の依頼や新聞、雑誌、テレビの取材などが舞い込んできて、さらに強い個人ブランドの構築が可能となります。

以前は、本を出す→本を読んだ人（団体）から依頼され、セミナーで講演をする、という形が一般的でしたが、最近ではこの流れが少し変わってきているようです。

実際、私の周りで本を出版している人の中には、セミナーで講演する→セミナー参加者の中に出版社の人がいる→セミナー後、出版の依頼がやって来る、という流れで商業出版をして、ベストセラー作家になったセミナー講師が何人もいます。

そのうちの1人、『CD起業のススメ』（現代書林）、『起業の授業』（アスカ出版）を出版した、株式会社レジェンドプロデュースの作野社長は、自主開催で情報起業系のセミナーを定期的に開催していたところ、その参加者の中に出版関係の方がいて、その後、とんとん拍子に話が進んで書籍化へとこぎつけました。

作野さんは、私のインタビューにこう答えてくれました。

「私は以前から、出版して自分のブランドをより強固なものにしたいと思っていました。でも、なかなかそのチャンスに恵まれずにいました。しかしまさか、お金を払ってセミナーに参加してくださったお客様から出版の話がいただけるなんて、思ってもいませんでした」

本来は、読んでもらえるかどうかわからない原稿を自ら出版社に持ち込み、その他大勢の人たちの原稿と比べられなくては実現しなかった出版への道が、セミナー講師になることによって、出版社側から「お願いします。当社で本を書いてください」と言われるケースもあるのです。

出版社は、売れる本を出版することがビジネスですから、最初から多くの固定ファンがついている人気セミナー講師に本を書いてもらうことができれば、それだけ読者が確保できて効率的、というわけです。

以前は、メルマガの作者やブログ開設者に出版社からのオファーが集中していましたが、これからはセミナー講師に白羽の矢が立つ時代となったのです。

▶セミナー講師から著者となることも

出版が先か、セミナー講師が先か？

何より、これを書いている私自身も、「いつもセミナーで話していることをわかりやすくまとめて、より多くの人に松尾さんの考えを広めませんか？」と、本書の編集者の方からオファーをいただいた1人だからです。

将来、本を出版したいと考えているあなたも、「まずは、セミナー講師になる」ということを考えてみてはいかがでしょうか。

3 コンサルタント・士業は、セミナーをフロントエンド商品として使え

セミナーを無料で開催するセミナー講師や主催者がいます。これは一見、儲けを度外視した参加者へのサービスにも見えますが、実は巧妙に儲かる仕掛けが隠されている場合があります。

たとえば、経営コンサルタントや中小企業診断士、税理士のような〝先生商売〟は、お客様のところを回って「仕事をください！」と頭を下げるわけにはいきませんから、そんな方こそセミナーを開催して、「先生、ぜひ一度当社を見てください！」と参加者から声をかけてもらう仕組みが必要になってくるわけです。

この場合、その参加者の中からたとえ1人でも、顧問契約のような長期のお客様が生まれれば十分な利益が見込めますから、セミナーの参加費用を、無料または小額（1000円から3000円程度）にして、そこから利益が出なくても何の問題もないのです。

このやり方を私は、「フロントエンド商品としてのセミナー活用法」と呼んでいますが、これは士業と呼ばれている弁護士、税理士、会計士、司法書士、社会保険労務士、行政書

士などにぴったりな集客方法なのです（フロントエンドとは、集客のための商品です。そしてこの場合は顧問契約がバックエンド商品、つまり本当に売りたい商品やサービスとなります）。

実際、私が知っている〝儲かっている士業〟の方のほとんどは、週末のたびにセミナーを自主開催したり、講師の依頼が来るように商工会議所などの各種団体に営業をしています。

〝先生商売〟も、今や看板を上げているだけでは集客できない時代となりました。こんな時代だからこそ、「先生、お願いします！」と言われて〝らくらく集客〟ができるセミナー講師に挑戦したいものです。

4 あなたのセミナーを全国販売しよう

セミナーを開催して、当日30人の参加者が集まった場合、私はそのセミナーには3倍以上（およそ100名程度）の潜在的な参加希望者がいると考えています。

それは、私自身が参加者の立場に立ったとき、「ぜひ、行ってみたい」と思うセミナーがあったとしても、どうしても日程が合わなかったり、開催場所が遠すぎて参加を断念せざるを得ないようなことがたびたびあったからです。

現代のビジネスマンは多忙です。ましてや、セミナーに参加しようという意識の高い人たちは毎日、分刻みのスケジュールをこなしています。そういった方たちに、自宅や会社で気軽にセミナーを受けていただくことができたら……。

そのために、セミナーをビデオに録画して、ＤＶＤやＣＤの情報商材として全国に通信販売していくのです。

実際私は、自分が講演したすべてのセミナーをＶＴＲ収録していますが、その中で顧客の要望があり、なおかつ自分自身が納得したセミナーにかぎって商品化し、当社のホームページを使って通信販売を行なっています。そこでは定価2万円を超えるDVDがコンスタントに1日に2～3本売れ続けており、これだけで100万円を超える売上げを上げる月もあります。

「たかが100万円か」と思われる方もいるかもしれませんが、当社のような零細企業にとって、定期的にそれもほとんど何もせずに100万円のキャッシュが入ってくるということはとてもありがたいことです。それを、次のセミナーの運転資金や広告費に使うことができるからです。

また、一度収録してしまうと、万一講師が病気になったとしても、そのノウハウを知りたい人はお金さえ払えばいつでも受講することができ、またその著作権を持った講師の家族や会社はその商材を売ることによって、生活や会社の存続を守っていくことができるのです。

6章

セミナーの集客法教えます

1 ブログを使ってブランディング

インターネットの普及によって、それまで一部の大企業にしか持つことのできなかった情報発信手段を、今では誰もが気軽に所有することができるようになりました。

そのひとつにブログがあります。ブログとは「WEBLOG」の略で、一般的には「ネット上の日記」とも言われ、最近では多くの人や企業が、趣味やビジネスのツールとして使っていますが、これを上手に使いこなしてセミナーの集客に役立てている講師や主催者が増えています。

実は、私自身もセミナーの集客やその後のフォローにブログを使っています。そして今では、「ブログなしの戦略は考えられない」と言っても過言ではないほどです。

私のブログを見て、みなさんがおっしゃることがあります。

「松尾先生のブログ（のページ）に行くと、先生が講演している写真がまず目に入るため、それだけでセミナーに参加している気がします」と。

私のブログは見た瞬間、「このブログの開設者（筆者）はセミナーの講師なんだ」とす

▶ブログをブランディングに役立てよう

ぐにわかるように、トップページで、私自身がセミナーで参加者に語りかけている写真を大きく載せています。

私も、ブログをはじめた当初は、他の人たちと同じようにブログのレンタルサーバー（私の場合はライブドア）で、無料で用意されている定型デザインのテンプレートを使っていましたが、同じデザインでは他人との差別化ができないため、オリジナルのテンプレートを作り、その他大勢から抜け出すようにしたのです。

2 ブログで集客しよう

ブログはホームページの一種ですから、読者が自分からアクセスしなければ見てもらうことはできません。ということは、いくら有益な情報を提供しても、こちらから「見てください」と営業することができないのです。

その点メールマガジンは、一度読者のアドレスを登録してもらうと、いつでも何度でも、こちら側から都合がいいときに告知（営業）することができますから、ブログの読者をメルマガに誘導することが必要となってくるわけです。

そして、ブログとメールマガジンを両方持ち、それぞれをうまく使い分けることが、ネット上でのセミナー集客には必要なことなのです。

私はセミナーの集客では、自分のブログはもとより、友人のブログも上手に活用させてもらっています。

まず、自分自身のブログでの集客ですが、基本的に「前回開催したセミナーの報告」という形をとり、そのときのセミナー風景の写真を載せたり、当日参加した方に書いていただいたアンケート結果を掲載することで、ブログを見た方があたかもそのセミナーに参加しているかのような疑似体験ができるような構成を意識して、最後に次回セミナーの告知を行なう、という形をとっています。

また、セミナーに参加した方がブログのコメント欄に当日の感想などを書いてくださることもあり、それがまた〝お客様の喜びの声〟にもなるのです。

松尾先生、こんにちは。

12日は、すばらしい学びの場を与えていただき、ありがとうございました。熊本より参加のHです。

6時間以上のセミナーでしたが、「えっ、もう終わっちゃうの？」と声を上げたくなるぐらい、もっと聞きたい、もっと質問したい、もっと参加者一人ひとりと交流したいと感じさせる濃密な時間でした。

＊　＊　＊

＊　＊　＊

私も仕事柄、セミナー講師を2桁回は経験していますが、今回のセミナーを受講してみて、自分のレベルが「お金の取れるセミナー講師」とはほど遠いものであったことを痛感

▶参加者へのアンケートも貴重な集客ツールとなる

させられました。

＊　＊

気づかされること、反省させられること、恥ずかしくて赤面させられること、関根先生の内容、おまけなどのすべてを考えると、受講料の3倍以上の価値はあったと実感しています。熊本から飛行機で飛んで行ったかいがありました。

＊　＊

今後も、さらにバージョンアップし続け、進化するよりよいセミナーを期待しています。近くに住んでいれば、ボランティアスタッフに立候補したいほどです。また、お会いできる機会を楽しみにしています。

3 他人のブログで集客する

私は、友人のブログでも集客の手伝いをしてもらうことがあります。

100ページの写真は私の友人でもある、セミナー評論家の栗原さんのブログ『セミナーの加速成功的な受け方・とらえ方』ですが、このブログは栗原さん自身が実際に参加したセミナーの感想や意見をまとめて発信しているものです。

しかし元々は、自分自身の勉強のために、10年来通っているセミナーについて半分趣味で書いていたものが、いつしか周りから注目を集め、今では「セミナーのことなら、栗原さんに聞け!」と言われるほど影響力のあるブログとなりました。

栗原さんとは、以前からの友人でしたので、私がセミナーを主催し、講師として話すときには必ず来ていただき、参加者から見た忌憚のない意見を聞かせてもらい、ブログにもそのことを書いていただいています。この栗原さんのブログの読者は、当然みなさんセミナー好きですから、ここで取り上げてもらうことは次回の集客にもたいへん役立ちます。

また、101ページの写真のブログ『社長の成功日記』の開設者吉田さんは、都内で恒

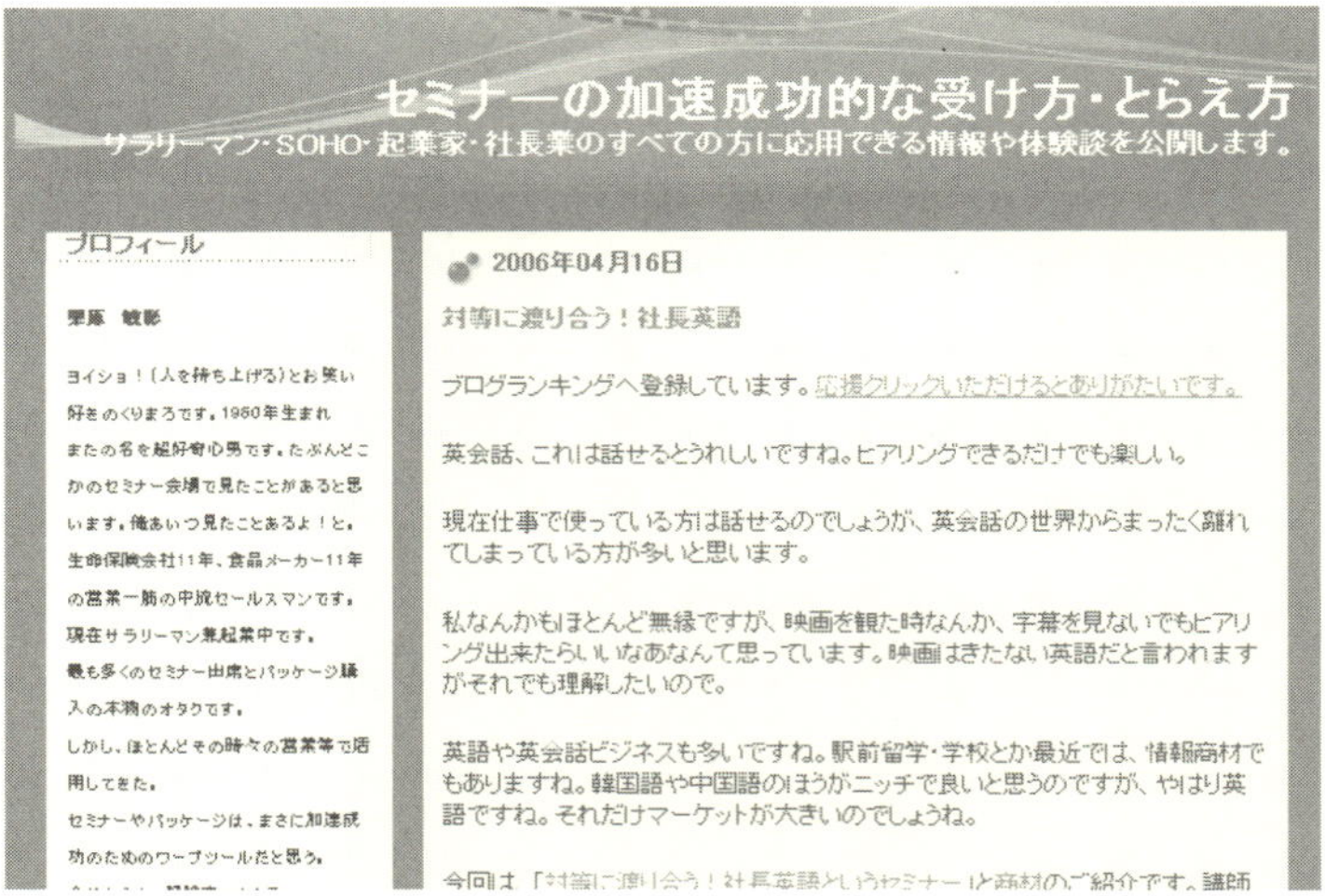
セミナーの加速成功的な受け方・とらえ方
サラリーマン・SOHO・起業家・社長業のすべての方に応用できる情報や体験談を公開します。
プロフィール
ヨイショ！（人を持ち上げる）とお笑い好きのくりまろです。1960年生まれ
またの名を超好奇心男です。たぶんどこかのセミナー会場で見たことがあると思います。俺あいつ見たことあるよ！と。
生命保険会社11年、食品メーカー11年の営業一筋の中堅セールスマンです。
現在サラリーマン兼起業中です。
最も多くのセミナー出席とパッケージ購入の本物のオタクです。
しかし、ほとんどその時々の営業等で活用してきた。
セミナーやパッケージは、まさに加速成功のためのワープツールだと思う。
2006年04月16日
対等に渡り合う！社長英語
ブログランキングへ登録しています。応援クリックいただけるとありがたいです。
英会話、これは話せるとうれしいですね。ヒアリングできるだけでも楽しい。
現在仕事で使っている方は話せるのでしょうが、英会話の世界からまったく離れてしまっている方が多いと思います。
私なんかもほとんど無縁ですが、映画を観た時なんか、字幕を見ないでもヒアリング出来たらいいなあなんて思っています。映画はきたない英語だと言われますがそれでも理解したいので。
英語や英会話ビジネスも多いですね。駅前留学・学校とか最近では、情報商材でもありますね。韓国語や中国語のほうがニッチで良いと思うのですが、やはり英語ですね。それだけマーケットが大きいのでしょうね。

▶セミナー評論家・栗原氏のブログ（http://blog.livedoor.jp/kurimaro5/）

信印刷株式会社を経営されています。事業も順調なため、このブログには吉田さんを慕う現役の社長をはじめ、起業を夢見るサラリーマンまで、多くの読者が集まってきます。

この吉田さんとは、私の会社の印刷物を頼んだことが縁で、今では友人としてもお付き合いをさせていただいていますが、私のセミナーにもよく足を運んでいただいています。そのたびにご自分のブログに感想などを書いてくださるため、吉田さんのブログの読者の方が私のセミナーの存在を知り、そこから新たな参加者がやって来てくることもあります。

このように、それぞれのブログにはその固定ファンが少なからずいるため、そこで

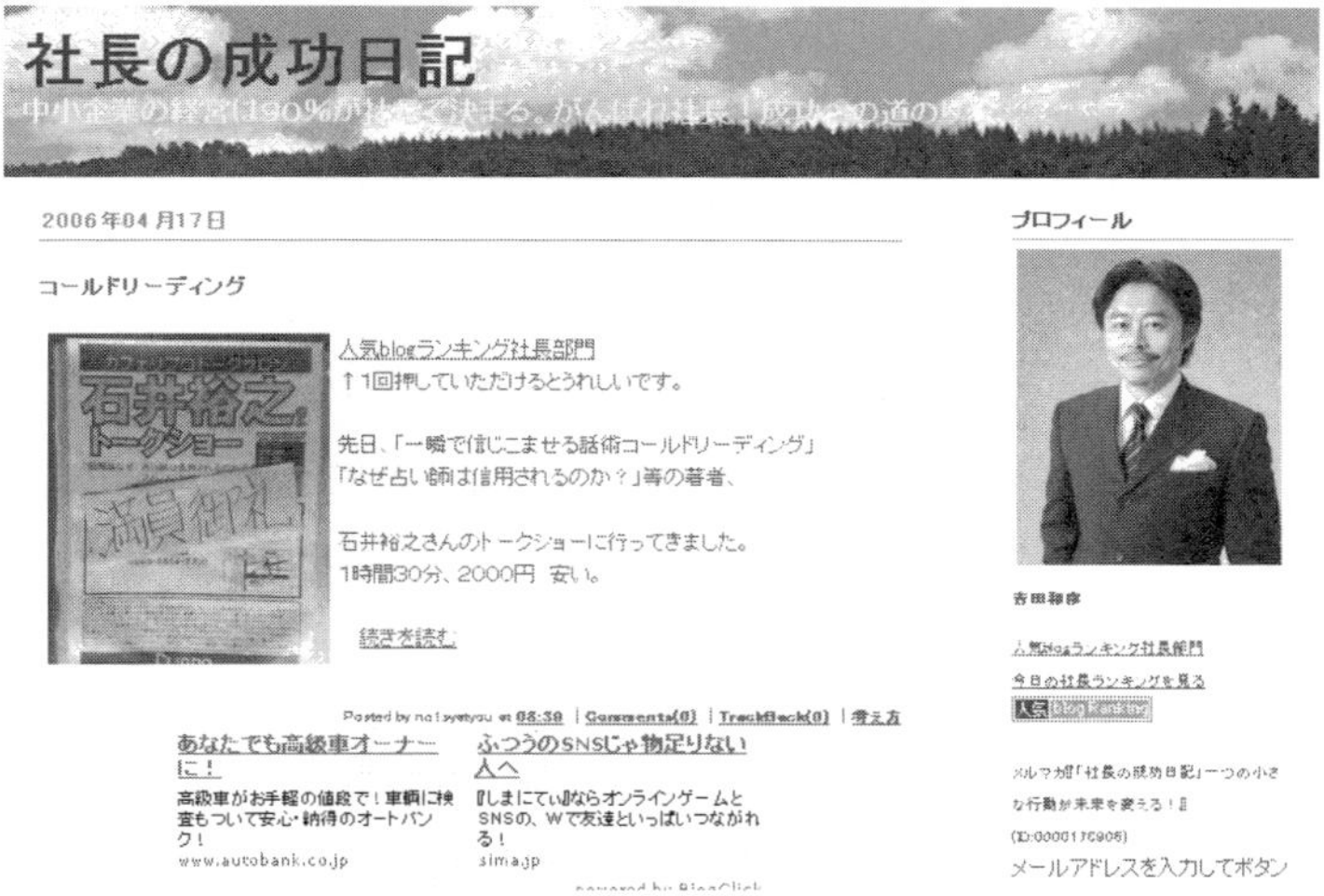

▶恒信印刷株式会社社長・吉田氏のブログ（http://blog.livedoor.jp/no1syatyou/）

セミナーの告知を、「○○さんのセミナーに参加してよかった」という体験記のような形で書いてもらうことができれば、その読者をあなたのセミナーの参加者にすることも可能になるのです。

そして、このブログでの告知を同時期に多くの方にお願いし、同時多発的に露出を増やせば、「○○さんのところでも見た」、「○○さんのブログでも推薦されていた」と印象づけられ、さらに効果的に集客することができます。

また、一般の参加者がご自身のブログに感想を書いてくれることもあるため、講師や主催者の知らないところでセミナーの宣伝をしてくれているというケースも少なくありません。

4 メルマガで集客

メルマガでの集客は、大きく分けて二つ考えられます。

ひとつは、自分が発行するメルマガでの告知で、もうひとつは、他人が発行するメルマガに広告や記事として載せてもらう方法です。

まず、自分自身が発行するメルマガでの集客ですが、こちらは元々、そのメルマガの発行者の情報をほしい人が読んでいるため、集客効果が高いことは言うまでもありません。

もし、その情報が自分には不要と感じた読者はそのメルマガを解除しますから、メルマガを読み続けている方は発行者側から見れば見込み客であり、またファンというとらえ方もできます。

ということは、いつも読んでいるメルマガの発行者がセミナーを開催し、実際に会えるなら、「参加したい」と思っても不思議ではありません。

実際、私のセミナーでも九州などの遠方から、わざわざ飛行機などを使って参加される方の多くはメルマガの読者であり、「セミナーの内容にも興味はありましたが、一度、松

▶メルマガ読者は見込客となる

尾先生にお会いしたかったので、はるばる来ました」と、おっしゃってくださる方もいます。

ですから、メルマガの読者が1万名もいれば、そのほんの0・数パーセントが参加してくれるだけでも、セミナーの集客は簡単にできてしまいます。

とは言っても、メルマガが飽和状態の現在、今から読者を1万人も集めることは、それはそれでたいへんなことですから、そこまで手が回らない方や、より多く集客したい方は、他人のメルマガで告知をしてもらって集客する方法も考えてみるべきでしょう。

他人のメルマガを使う場合、私は友人・知人が発行しているメルマガに、無料でセミナー告知を掲載させてもらうことが少なくありませんが、それは私自身が、ある程度の読者数を抱えるメルマガの発行者であり、そのお返しとして、相手の商品やサービスを無料で紹介することができるからです。

本書をお読みの方は、まず読者が多く、そして精読率が高いメルマガに有料で広告を出すことを考えてみてください。

一般的に、メルマガの広告費は読者1人当たり1円で計算されるケースが多く、たとえば1万人にセミナーを告知したい場合は、1万円の費用がかかるという計算になります。これは他の広告媒体に比べても極端に安価で、セミナーの主催者から見るとてもありがたい媒体と言うことができます。

また、自分自身が開催するセミナーの参加者を想定して、たとえば税理士が税金をわかりやすく伝えるためのセミナーを開催する場合などは、中小企業の経営者向けのメルマガに広告を載せるといった細かい絞り込みができることもメルマガ広告の利点です。

そして、メルマガ広告を使う場合は、最初に少額の予算で試して費用対効果を測り、それで結果が出れば、さらに予算を増やすなど、上手に利用してください。

以下、メルマガで有料広告を受付け、かつビジネス系セミナーの集客に役立つメルマガを掲載しますので参考にしてください。すべて弊社で利用ずみです（順不同）。

「平成・進化論。」
http://www.mag2.com/m/0000114948.html
ウケる営業！　１週間でトップ営業マンになる奇跡の方法
http://www.mag2.com/m/0000137115.html
日経ＭＪに見るマーケティングの戦略・戦術
http://www.mag2.com/m/0000104364.html
毎日３分！　稼げるビジネス戦略
http://www.mag2.com/m/0000141698.html
売れる成功事例集！『販促アイデア大全集』
http://www.mag2.com/m/0000111477.html
トークに使える　日経新聞　今日のネタ
http://www.mag2.com/m/0000062475.html
士業成功案内―開業者ＴＯＰ１％に躍り出る営業戦略
http://www.mag2.com/m/0000149516.html

1年目から行政書士業務だけで生きていく！

http://www.mag2.com/m/0001107233.html

メルマガ成功法～メルマガコンサルタントの稼ぐ思考

http://www.mag2.com/m/0001115344.html

超一流の年収を稼ぐスーパービジネスマンになる方法

http://www.mag2.com/m/0001112762.html

5 エモーショナルなホームページの作り方

どんなに予算をかけて、有料メルマガなどを使ってセミナーを告知しても、自社のホームページのできが悪ければセミナーの集客はできません。

とくに、講演会やセミナーのような「受講してみなければ、そのよさがわからない」ものは、「いかによさそうに見えるか」が重要であり、「参加しなければ損」と思ってもらえるような〝エモーショナル（感情に訴える）なホームページ〟を作る必要があります。では、〝エモーショナルなホームページ〟とは、いったいどのように作ればいいのでしょうか？

次ページの写真は、私がライフワークとして定期的に開催しているセミナー『人生を劇的に変化させたい起業家のためのセミナー講師&主催者戦略セミナー』の告知ページですが、このページには人間の感情を刺激する、いくつもの仕掛けが隠されています。

まず冒頭に、私が講演している姿と参加者がそれを熱心に聴いている写真があります。この写真によって、ページを見ている方は、「参加者の席に座って講義を受けている自分

▶見る人の感情に訴えかけるホームページとは？

自身」を想像して、参加について前向きに検討するようになります。写真やイラストなどの画像は、文字の何倍も強力に人の感情に訴えかけるからです。

次に、エモーショナルなセミナー告知ホームページに欠かすことができない、「お客様の声」の掲載です。これは、セミナー終了後に書いていただくアンケートの内容で、ご本人の許可をいただいたものだけを掲載していますが、これはたいへん効果的です。すでにセミナーを開催している方で、まだこの「お客様の声」を利用していない方はすぐにでも載せるべきでしょう。

セミナーは、一度参加してみなければ、その内容が判断できません。しかし「このセミナーはよかった」という参加者の喜びの声を読むと、安心して申し込むことができるようになります。また、できるなら本人の許可を得たうえで、顔写真を掲載させていただくことができれば、なおいいでしょう。写真を載せることで、より真実味が増すからです。

次に推薦文の掲載です。

これは、そのセミナーに関心があるような人ならよく知っているような有名な方に、「このセミナーはおすすめです」と書いていただき、「セミナー講師は知らないが、あの○○さんが推薦するなら大丈夫だろう」と思ってもらうことを狙った方法です。

しかし有名人が、セミナー講師になりたての人を推薦してくれるということはなかなかむずかしいことですから、その場合は、〝先生〟と言われている職業に就いている友人・知人（たとえば弁護士、税理士、大学教授、医師など）に頼んで書いてもらうことも効果的でしょう。

6 上手なアウトソーサーの使い方

今は便利な時代になりました。セミナーの集客も、ほんのわずかな費用で専門の会社が代行してくれます。

セミナーズ　http://www.seminars.jp/

この会社は、インターネット上のセミナーの№.1ポータルサイトとして、「ここにアクセスすれば、いろいろなセミナーの情報が一度に手に入る」と、セミナーに参加したい人はもとより、講師や主催者からも注目されています。

この会社は、インターネット書店のアマゾンを手本にしてシステムを作っていると聞いていますが、このサイトに登録すると、あとはセミナーズのホームページで、開催日まで無料（一部有料）でPRしてくれます。さらに、同社が発行するメールマガジンでも、無料でセミナーを告知してもらうことができます。

ここから参加の申し込みがあった場合、参加費用の15％（平成18年5月現在）が営業経費として引かれ、残りが指定の口座に振り込まれるという仕組みで、参加費用の集金まで代行してもらうことができるのです。

このセミナーズを運営しているラーニングエッジ株式会社の清水社長は、私のインタビューに、

「大人の学びの場であるセミナーの需要は、今後いっそう増えるものと予想されています。そんな時代に私たちセミナーズは、講師、主催者、参加者の方々すべてに喜ばれる、質の高いサービスを提供していきます」

と、答えてくれました。

セミナーの集客もアウトソーシングの時代です。集客に困ったら、こんなサイトを利用してみるのもいいでしょう。

7 FaxDMで、地域を絞った集客法

私は主に、インターネットを使ってセミナーの集客を行なっていますが、セミナーに関心がある人のすべてがネットを使える、というわけではありません。また税理士などの士業を営み、地域を絞ってセミナーの参加者を集めたい場合は、ＦａｘＤＭを使うのもひとつの方法です。

ＦａｘＤＭとは、「Ｆａｘを利用してダイレクトメールを送る」ことを言い、一般的には「Ｆａｘ同報」、「Ｆａｘ一斉同報」などと呼ばれています。この方法の利点は、郵送ＤＭやＥメールＤＭとは異なり、初めから開封された状態でお客様に届きますから、実際に手に取って見てもらえる率が高いということです。

また利用者は、自分が送りたい業種や地域を指定することができますから、原稿を１枚用意すれば、参加していただきたい人に向けて、一斉に告知することができます。

また費用も、他の紙媒体の広告に比べて比較的安く、郵送ＤＭと比べるとおよそ10分の１程度の経費で、その日のうちに反応を見ることができることも特徴です。

私の知り合いの行政書士は、インターネットをいっさい使わず、もっぱらＦａｘＤＭだけでセミナーの集客を行ない、毎回30名以上の参加者を集め、その中から多くの顧問契約先を見つけています。

さて、そんなＦａｘＤＭのポイントですが、

1　必ず原稿を1枚にまとめる

これは、相手のコピー用紙を勝手に使わせていただくわけですから当然とも言えます。また、何枚もあるＦａｘＤＭは読まれない確率が高くなりますから、コンパクトに1枚にまとめましょう。

2　原稿の下に必ず申込用紙をつける

Ｆａｘで来た案内（ＤＭ）には、Ｆａｘで返信したくなるものです。ならば、必ずそのまま送れるような申込フォームをつけて、Ｆａｘ番号を大きくわかりやすく記載します。

3　思わず読んでしまう、エモーショナルなタイトルとデザインを工夫する

ある程度大きな会社は、ＦａｘＤＭだけでも1日に何通も来ているはずです。せっかく送った案内がそのままゴミ箱行きにならないように、最初に受け取った方が、「このＤＭは一読の価値がある」と思ってもらえるような、エモーショナルなキャッチコピーとデザインを工夫してください。

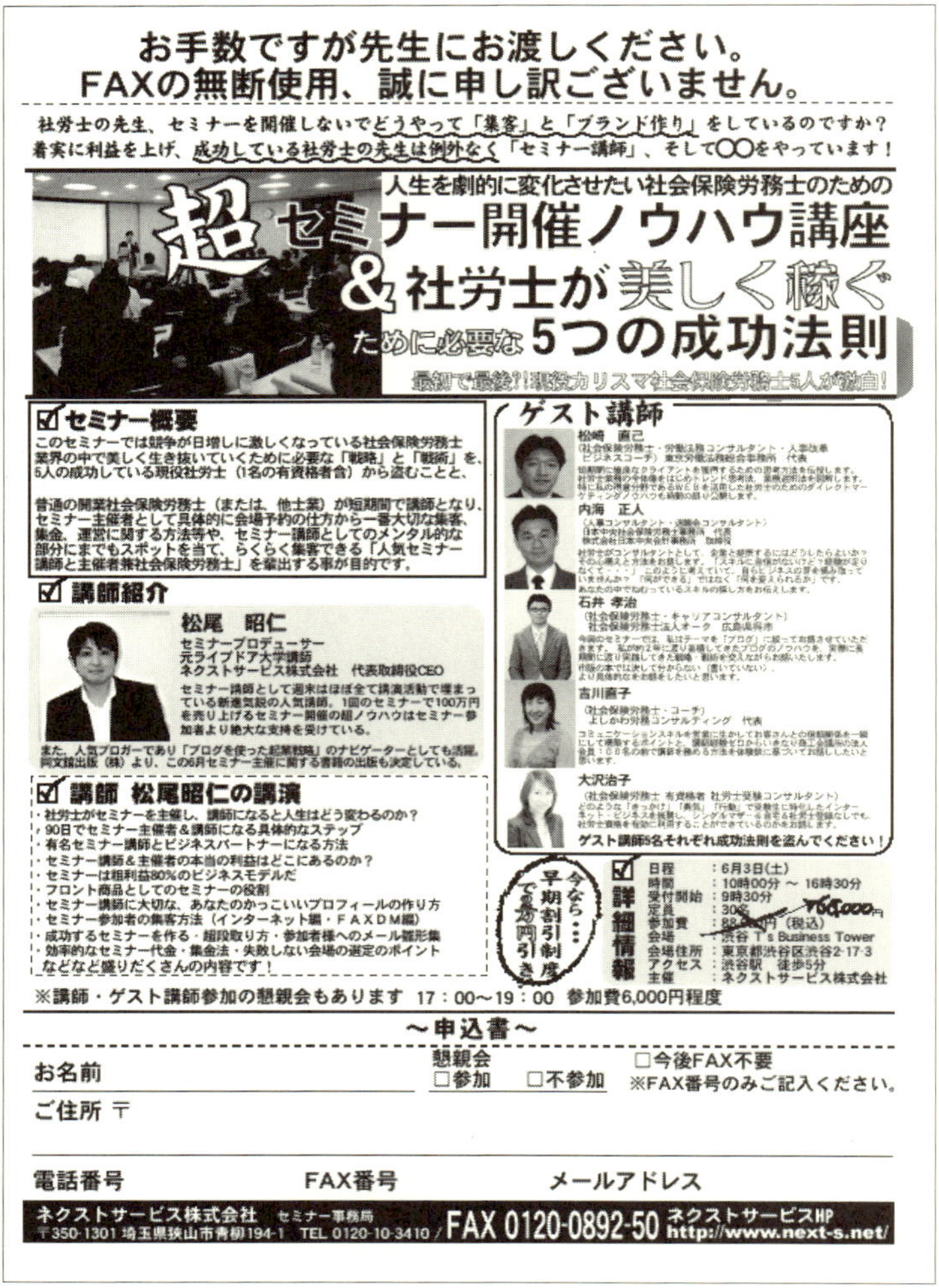

▶安価で手軽に利用できるFaxDM

8 過去の参加者にはハガキでPR

セミナーを何回か開催していくと、セミナー参加者リスト（名簿）が集まってきます。そのリストには、名前やメールアドレスだけでなく、住所や電話番号も記載されているはずです。しかし、インターネットやFaxDMの集客にばかり目を向けていると、せっかく手に入れたそれらの情報が活かしきれなくなってしまいます。

そこで弊社では、そのような情報を有効利用するために、ハガキを使ったDMを出してセミナーの参加者集めに役立てています。

ただしネットと違って、ハガキなどの郵便物を出す場合はそれなりの費用がかかってしまいます。ですからここは、セミナーに参加していただいた過去の参加者に向けて、「次回はこんなセミナーがあります。このハガキを受け取ったお客様にかぎり、15％引きでご優待させていただきます」という形でご案内しています。過去の参加者は、セミナーを体験していますから、一般の見込み客と違って反応率がたいへん高いため、ハガキ1枚につき50円という費用をかけても十分に利益が見込めるのです。

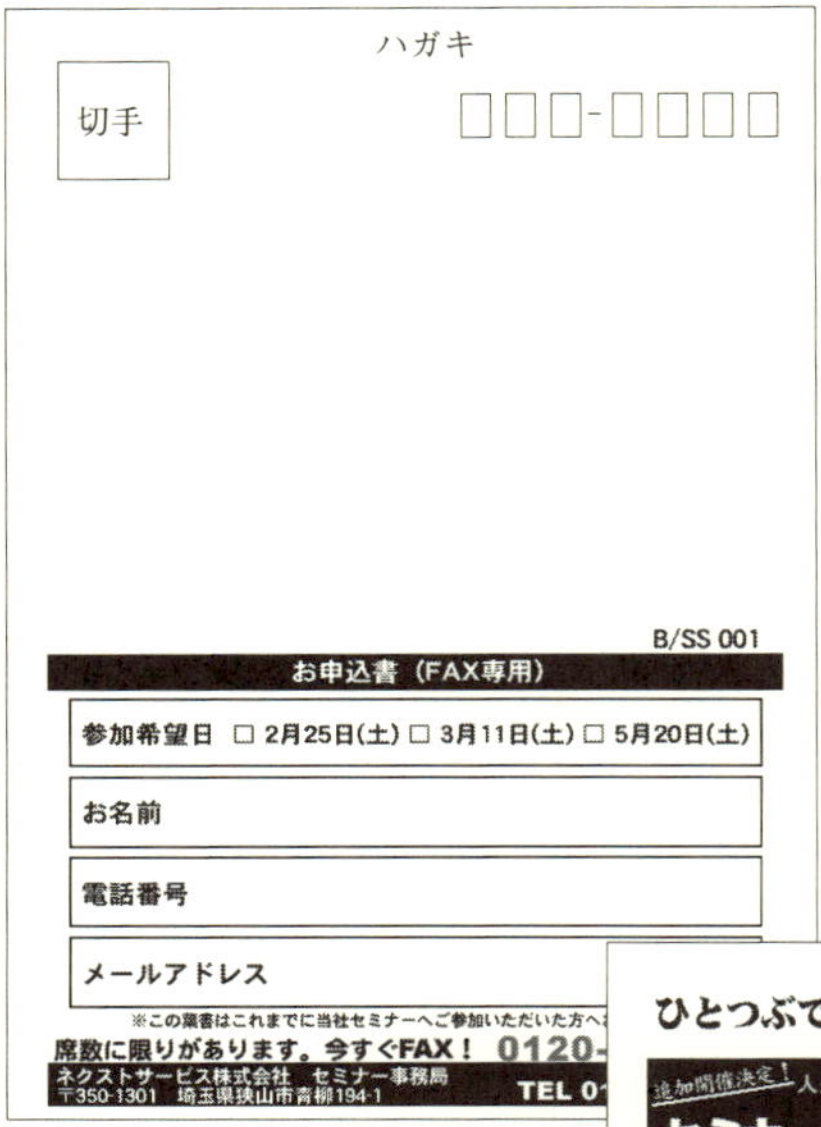

ハガキ

切手

□□□-□□□□

B/SS 001

お申込書（FAX専用）

参加希望日　□ 2月25日(土) □ 3月11日(土) □ 5月20日(土)

お名前

電話番号

メールアドレス

※この葉書はこれまでに当社セミナーへご参加いただいた方へ

席数に限りがあります。今すぐFAX！　0120-

ネクストサービス株式会社　セミナー事務局
〒350-1301　埼玉県狭山市青柳194-1
TEL 01

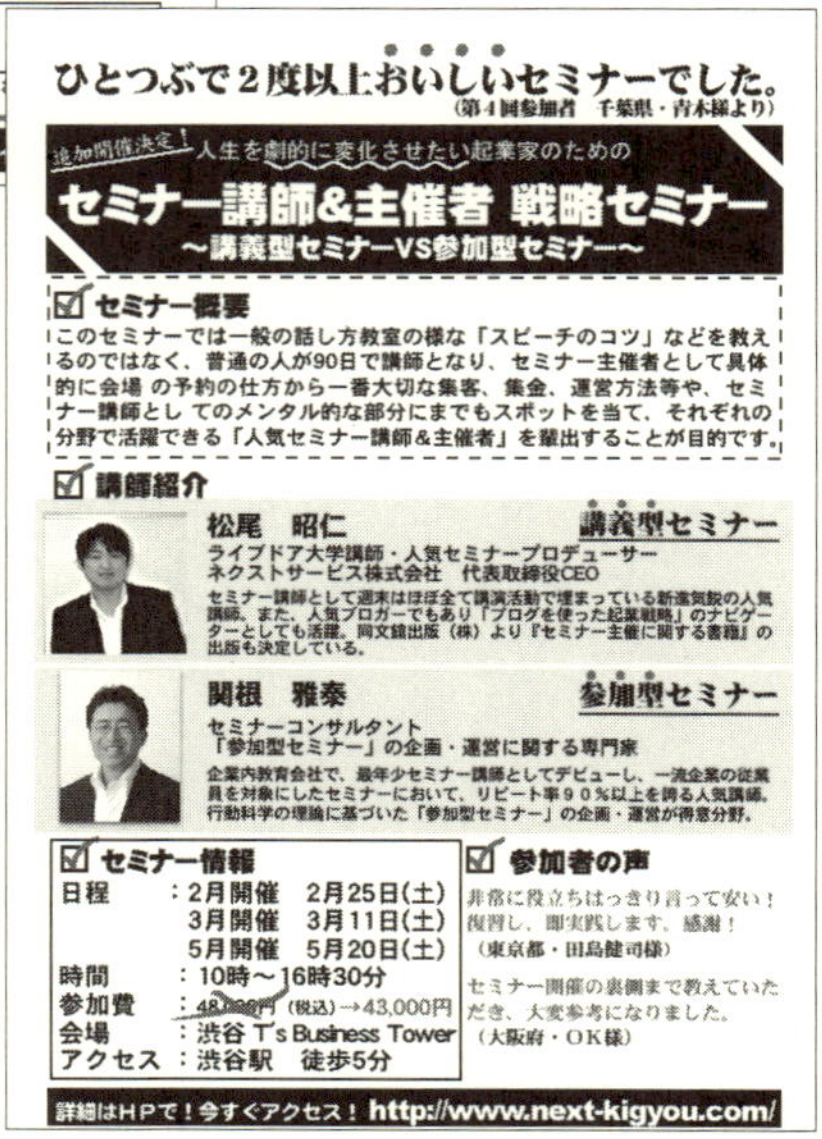

ひとつぶで2度以上おいしいセミナーでした。
（第4回参加者　千葉県・青木様より）

追加開催決定！人生を劇的に変化させたい起業家のための

セミナー講師&主催者 戦略セミナー
～講義型セミナーVS参加型セミナー～

☑ セミナー概要

このセミナーでは一般の話し方教室の様な「スピーチのコツ」などを教えるのではなく、普通の人が90日で講師となり、セミナー主催者として具体的に会場 の予約の仕方から一番大切な集客、集金、運営方法等や、セミナー講師とし てのメンタル的な部分にまでもスポットを当て、それぞれの分野で活躍できる「人気セミナー講師&主催者」を輩出することが目的です。

☑ 講師紹介

松尾　昭仁　　**講義型セミナー**
ライブドア大学講師・人気セミナープロデューサー
ネクストサービス株式会社　代表取締役CEO
セミナー講師として週末はほぼ全て講演活動で埋まっている新進気鋭の人気講師。また、人気ブロガーでもあり「ブログを使った起業戦略」のナビゲーターとしても活躍。同文舘出版（株）より『セミナー主催に関する書籍』の出版も決定している。

関根　雅泰　　**参加型セミナー**
セミナーコンサルタント
「参加型セミナー」の企画・運営に関する専門家
企業内教育会社で、最年少セミナー講師としてデビューし、一流企業の従業員を対象にしたセミナーにおいて、リピート率90％以上を誇る人気講師。行動科学の理論に基づいた「参加型セミナー」の企画・運営が得意分野。

☑ セミナー情報

日程　：2月開催　2月25日(土)
　　　　3月開催　3月11日(土)
　　　　5月開催　5月20日(土)
時間　：10時～16時30分
参加費　：~~48,000円~~（税込）→43,000円
会場　：渋谷 T's Business Tower
アクセス　：渋谷駅　徒歩5分

☑ 参加者の声

非常に役立ちはっきり言って安い！復習し、即実践します。感謝！
（東京都・田島健司様）

セミナー開催の裏側まで教えていただき、大変参考になりました。
（大阪府・OK様）

詳細はHPで！今すぐアクセス！ http://www.next-kigyou.com/

▶過去の参加者にはハガキでのPRも効果的

9 本当はすごい、口コミのパワー

また、セミナーに参加してくださった方の「あのセミナーはよかった」という口コミも、実は馬鹿にできない大きな力を持っています。

何回かセミナーに参加しているとわかりますが、参加者の中には「セミナーが大好き」という人も多く、そのような人たちは、「この前、○○先生のセミナーに初めて参加したんだけど、すごくよかったよ」などと、他のセミナー好きな方に情報を与えます。それが、やがて大きな口コミとなって、講師も主催者も知らないところにまで宣伝の和が広がっていきます。

しかしこれは、一度参加した方が「悪いセミナーだった」と感じた場合は当然、逆宣伝の和が広がる危険性があるということですから、やはり講師も主催者も、参加費用を超えるセミナーを心がけなくてはなりません。

7章

セミナー・講演会を成功させる超・段取術

1 セミナー申込者へのメール雛形集

弊社が定期的に開催している、セミナー講師と主催者向けのセミナー「人生を劇的に変化させたい起業家のためのセミナー講師&主催者 戦略セミナー」の中で私はいつも、

「主催者と講師の側から見ると、私がこうやって壇上に上がった時点で、実はセミナーの80%は終わっているのです。私たちがこの壇上から、みなさんにこうしてスピーチをするまでの段取りこそ、実はたいへんなのです」

とお話ししていますが、この章では、その講演会を成功させる超段取術についてご説明いたします。

ホームページからセミナーの申込みがあった場合、申込者に対して、いったいどのような文面の案内メールを送ったらいいのでしょうか?

ここでは、実際に当社が使っている案内メールの雛形を掲載してご説明いたします。

【案内メール１】
申し込み確認後、すぐに送るメール文章

件名【セミナーの参加お申込み、ありがとうございます】

○○○○様

こんにちは。ネクストサービス株式会社セミナー事務局の川島と申します。

このたびは、当社が主催いたします「○○セミナー」へ参加お申込みいただきまして、誠にありがとうございます。

◆日時　平成○年○月○日（○）　○：○○〜○：○○
　受付○：○○より
◆場所　東京・渋谷　○○　http://www.……
◆講師　セミナー・プロデューサー　松尾 昭仁
◆参加費用　○，○○○円（税込み）

セミナー料金 ○，○○○円（税込）のお振込みを、本日を含めまして、銀行の５営業日以内に下記指定口座までご入金をお願いいたします。

○○銀行　○○支店
普通口座　○○○○○○○
ネクストサービス株式会社

※振込手数料は参加者のご負担にてお願いします。
※振込名義はお申込者のお名前でお願いします。
（会社名でのお振込みの場合は、必ずメールにてご連絡ください）
※お振込み後、メールにてお知らせいただけましたら非常に助かります。

お願い

・録画、録音はご遠慮願います（メモは大いにお取りください）。
・当日は、ビデオ撮影を予定しております。
・万一、講師・松尾昭仁の急病などにより開催が不可能になった場合、参加費用は速やかに全額ご返金させていただきます。

何かご不明なことがありましたら、いつでもお問い合わせください。

セミナーの参加お申込み、誠にありがとうございました。
今後ともよろしくお願いいたします。

※参加者から応募があったら、上記のようなメールをなるべく早く送ってください。

この雛形のポイントは、

1　セミナーの日時、場所、講師名などをあらためて明記し、参加者に確認してもらう。
2　料金を振り込んでいただくために、参加費用の振込期日を明確に記載し、振込名義人なども事前に指定しておく。
3　お願い事項として、参加者の録音・録画の禁止やビデオ撮影の有無、また講師が急病の際の対応など、万一のトラブル回避のために、あらかじめ先方の了解を得ておく。

【案内メール２】
参加者からの振込み確認後、すぐに送るメール文章

件名【セミナー代金のお振込み、ありがとうございます】

○○○○様

お世話になっております。ネクストサービス株式会社セミナー事務局の川島です。

先ほど、○○様からのセミナー代金のご入金確認をさせていただきました。
お忙しいところ、誠にありがとうございました。

では、当日会場にて待ちしております。
よろしくお願いいたします。

※このメールのポイントは、入金確認後すぐに送るということです。セミナーは、基本的に料金を前払いしていただくものですので、参加予定者が不安にならないよう、なるべく早く確認のメールを送るようにします。また、わざわざ銀行まで足を運んでいただいたことに対して、

お礼を述べることも忘れないでください。

【案内メール3】
参加者が、期限を過ぎても料金を振込まない場合に送るメール文章

件名【セミナー代金のお振込みに関して】

○○○○様

こんにちは。ネクストサービス株式会社セミナー事務局の川島です。

このたびは、当社が主催いたしましたセミナーへの参加お申込み、誠にありがとうございます。

しかしながら、本日（○月○日）現在、まだお客様からのセミナー代金のご入金が確認できておりません。

もしお振込みをお忘れの場合は、誠に申し訳ありませんが、事務手続上、明日○月○日　15：00までに、必ず下記口座までご入金をお願いいたします。

○○銀行　○○支店
普通口座　○○○○○○○
ネクストサービス株式会社

※振込手数料は参加者のご負担にてお願いします。
※振込名義はお申込者のお名前でお願いします。
※お振込後、メールにてお知らせいただけましたら非常に助かります。

◎当社の確認違いということもございますので、その際は、申し訳ございませんがご一報下さい。

また、何かご不明なことがありましたら、いつでもお問い合わせください。

セミナーの参加お申込み、誠にありがとうございました。
上記の件、よろしくお願いいたします。

※セミナーの代金を振込みにすると、必ず期日を過ぎても振込まない申込者が出てきます。現代人は非常に忙しい毎日を送っています。ましてやセミナーに参加しようと

いうほどの意識の高い方々ですので、「振込みに行く」という行為自体を、多忙な中で忘れてしまっていても不思議ではありません。
ですから、そのような人に対してはこのメールのようになるべく文面に気を遣い、もう一度明確な期限を決めて催促するようにしてください。決して、相手の感情を逆なでするような文章を書かないように気をつけましょう。

【案内メール4】
申込み確認後、すぐに送るメール文章（代引き編）

件名【セミナーの参加お申込み、ありがとうございます】

こんにちは。ネクストサービス株式会社セミナー事務局の川島と申します。

このたびは、当社が主催いたしますセミナーへ、参加お申込みいただきまして、誠にありがとうございます。

◆日時　平成○年○月○日（○）　○：○○〜○：○○
　受付○：○○より
◆場所　東京・渋谷　○○　http://www.……
◆講師　セミナープロデューサー　　松尾 昭仁
◆参加費用　○，○○○円（税込み）

※お支払いは、○○宅配便による【代金引換】となります。

本セミナーのご案内状兼入場チケットを、代金引換にてお送りいたしますので、当日受付にてご提出ください。

（宅配業者の送り状に「領収書」が貼付されておりますので、弊社ではあらためて領収書の発行はいたしません。悪しからずご了承ください）

お願い

・録画、録音はご遠慮願います（メモは大いにお取りください）。
・当日は、ビデオ撮影を予定しております。
・万一、講師の急病などにより開催が不可能になった場合、参加費用は速やかに全額ご返金させていただきます。

何かご不明なことがありましたら、いつでもお問い合わせください。

セミナーの参加お申込み、誠にありがとうございました。
今後とも、よろしくお願いいたします。

※これは、宅配業者の代金引換サービスを使うときに送る案内雛形ですので、そのようなサービスを利用される方は参考にしてください。

2 効率的でスマートなセミナー代金回収法

「ビジネスで一番大切なことは何ですか?」

もしこう聞かれたとしたら、あなたはどのように答えるでしょうか?

私ならこう答えます。

「代金をきちんと回収して利益を出すこと」

少しシビアな答えかも知れませんが、これはセミナー運営に関しても例外ではありません。

前にも述べましたが、セミナーの参加費用は、基本的にほとんどの場合が事前振込みや代引き(代金引換)、または当日支払いとなっています。

しかし私は、セミナーの主催者として最初に集金について考えたときから、「参加費用の当日払いだけはやめよう」と決めていました。

なぜなら、セミナー参加者の心は移ろいやすく、たとえば、参加を予定していたセミナー当日、もっと楽しいお誘いがあったり、ほんの少し体調が悪くなっただけでも、「やっぱり、セミナーへの参加をやめよう」などと思ったりするものです。それこそ、「雨が降ったから」という理由だけでキャンセルする人もいるほどです。

しかし、もし事前に費用を支払っていれば、簡単に参加を取りやめることなどないはずです。

そのような理由から、当社では銀行への事前振込みを利用していたのですが、実はここにも問題があったのです。

その問題とは、申込者の3割ほどが参加費用を期限までに振り込んでくれず、こちらから催促メールや場合によっては電話をかけても、なかなか振り込んでくれなかったのです。

そして、最終的に何名かの方は参加をキャンセルしてしまうのです。

また、振込みを確認するにしても、わざわざ何度も銀行まで行って記帳をするか、有料のオンラインサービスを使うなどしてそのたびに確認しなければならず、これがなかなか手間がかかり非効率的でした。

そんなとき、私があるセミナーに参加するために申込みをすると、返信メールにこんなことが書かれてありました。

「お支払いは、運送業者の代金引換サービスになります。セミナーチケットをお送りいたしますので、配達員に参加費用を直接お渡しください」

これを読んで私は、「この方法があったのか！」と感動しました。

「代金引換サービス」とは、宅配業者の配達員がお客様に品物を届ける際、現金（またはカード払い）と引き換えに商品を手渡すため、不払いの心配は１００％ありません。

もちろん、１回につき数百円の手数料はかかりますが、「きちんと期日までに振込んでくれるか？」といった心配や、記帳などの確認作業をしなくてすむため、たいへん楽になりました。

また、決済も前の週に送ったセミナーチケットに対しては、翌週には指定口座に現金が振込まれるため、キャッシュフローも非常によくなってきます。

ただしこのサービスは、セミナーの参加費用が極端に安い場合は、逆に手数料のほうが高くなってしまうためおすすめできません。

3 セミナーに使用するレジュメの超基本法則

まず、レジュメ表紙の説明をします。

①○○○株式会社○○○セミナー

これは弊社なら、ネクストサービス株式 マーケティングセミナーなどとして使い、この法則は会社名（または屋号）＋（セミナーの概要）セミナーとなり、たとえば田中行政書士事務所が新会社法のセミナーを行なう場合は、田中行政書士事務所 新会社法セミナーのように応用できます。

②「第○回 ○○のための○○○戦略セミナー」

ここはセミナータイトルですが、同じセミナーをすでに何度も開催している場合は、

「第○回」と開催回数を入れます。なぜなら、「第5回」とタイトルにあれば、その告知を見た人には「すでに4回も続いているのだから、何か得るものがあるだろう」と思ってもらうことができるからです。

逆に初めての場合は、タイトルにわざわざ「第1回」とつける必要はありません。

次に、「○○のための」の○○には、そのセミナーの参加対象者を書いてください。具体的には、「社長のための」、「起業家のための」などです。

そしてできれば、「従業員10人未満の社長のための」や、「会社設立3年未満の起業家のための」などのように、より対象を絞ったほうが、セミナーの運営や構成がしやすくなり、さらに集客面でも効果が上がります。

これは、街で客引きが「そこのお父さん」と声をかけて集客するより、「そこの帽子をかぶった、メガネのお父さん」と言ったほうが、相手は確実に「私のこと?」と反応するのと同じです。

③講師名の後の○○○には、その講師の肩書きを入れるようにします。ここも、単に「行政書士」などといった肩書きよりも、「会社設立専門行政書士」、「会社設立プロデューサー・行政書士」と書いたほうが、よりあなたの専門性をアピールすることができるでしょ

う。

④また、**【製作・著作】**をレジュメの表紙に掲載することも大切です。セミナーのレジュメは知的財産に当たるため、その権利が誰にあるのかを明確にし、さらに、「複製・再販・オークションへの出品を禁じます」と書いておくことによって、自らの権利（著作権）を守ることができます。

■セミナー集客に大切な3つのポイントとは？

次に、セミナーのレジュメの書き方ですが、私は大きな見出しをいくつか作り、その一つひとつに対して小さな見出しをつけるという形をとっています。たとえば、

という大見出しのあとに、

1　インターネットを使った集客法

2　ＦａｘＤＭを上手に使い、地域を絞った集客の仕方

3　ハガキを使って、過去の参加者をリピーターにする方法

このような形で多くの余白を設け、その余白に講師が口頭で話したことや、ホワイトボードに書いたことなどを、自分自身で書いてもらうようにしています。

稀に、スピーチする内容すべてをレジュメに書き出している講師もいますが、それでは、ただレジュメを読んでいるだけという印象を与えてしまい、「書いていることは読めばわかるので、それ以外の説明をしてください」などと参加者から不満が出ることも考えられます。

また、参加者自身に書かせることによって、セミナーへの参加意識と、脳へのインプット作業を促進する効果も期待できます。

4 セミナーを高級に演出する工夫

ごく稀に、講師自身が受付に座って案内をしているようなセミナーを見かけることがありますが、あまり感心できません。なぜなら参加者は、その道の専門家の話を、お金を払って聞きに来ているのであって、ただの人の話を聞きに来ているわけではないからです。

実際私も、受付に座っていた人が、急に壇上に上がって話しはじめたとき、「えっ、あの人が講師だったの？」と驚き、何だか急に安っぽいセミナーに感じられた経験があります。では、受付にどんな人が座っていれば、参加者に高級なセミナーと感じてもらえるのでしょうか？

それはズバリ、「美人の女性」です。

しかしこれは、何もセミナーだけにかぎったことではなく、どんなイベントでも会場に入ったとき、きれいな女性が受付に座っていれば、それだけで華やいで見えるものです。

ただし、セミナーは学ぶ場ですので、「美人で若く」というより、清潔感があって「秘書」のような振る舞いができる方がベストでしょう。

5 優秀なスタッフを無料で使う法

前にも述べましたが、セミナーは講師だけで開催・運営できるものではありません。スタッフの協力があってこそ、参加者に喜んでいただけるセミナーができるのです。

では、その重要なスタッフは、どのように採用すればいいのでしょうか。

「私は今まで、セミナーのスタッフに賃金を支払ったことがありません」

このように言うと、「松尾はセミナーで稼いでいるくせに、スタッフにお金を払わないなんてとんでもない主催者だ」と思われる方もいると思いますが、私には私なりの考えがあってそうしているのです。

それは、セミナーの内容にまったく興味のない人にお金を払って協力してもらっても、そのスタッフは講義中は退屈だし、ただ時間が過ぎるのを待っているようなものです。まして や講義時間が延長したような場合、「もう、時間だから帰ります」などと言われると、主催者としてはたいへん困ります。

ならば、そのセミナーに興味のある方にボランティアとして手伝っていただき、その代わりにセミナーを無料で受講してもらい、そのうえでセミナーの舞台裏まで勉強してもらうようにすると、主催者もスタッフもお互いにメリットのある関係になれるはずです。

その結果、私のセミナーには、「将来、自分もセミナー講師になりたい」という人が、喜んでボランティアスタッフとして参加・協力してくれています。

そんなボランティアスタッフの1人で最近、行政書士事務所を開業された、ママさん起業家の虫明智恵子さんが司会をしたセミナーのあとで、ご自身のブログに書かれた「セミナースタッフとして感じること」を掲載させていただきます。

土曜日のセミナー後、懇親会でのこと

「ほんとうに、スタッフのみなさんはボランティアなんですか？」

という声が聞こえてきました。はい、そうです。このことに関しては、講師の方によって、方針はいろいろだと思います。スタッフになりたい人も講師の方も、自分に合ったス

タイルがあっていいと思います。

ただ松尾先生の場合、私たちはボランティアというよりも、逆に私たちが受けている恩恵のほうが大きいような気がします。スタッフも、いずれは講師になりたい（もうすでにセミナーを開催している人もいますが）と思っている人たちです。

先生方は、小さなステップを用意して、無理なく自信がつけられるように配慮してくれています。いきなりの大役では、スタッフがつぶれてしまうからだとおっしゃっていました。もちろん、よくないところは、しっかりと厳しめのアドバイスもしてくださいます。

先生方が、自分たちのためだけに私たちを使っているのではないのです。意識の高い参加者のみなさんの前で話をする機会をいただき、セミナーの舞台裏をつぶさに観察することができ、たくさんのすばらしい人たちに出会えるのは、本当に幸運なことです。

虫明智恵子さんのブログ『行政書士虫明の女の細腕奮闘記！』
http://blog.livedoor.jp/mushiaki2010/　平成17年12月18日記事より

▶ボランティアスタッフ・虫明さんのブログ
(http://blog.livedoor.jp/mushiaki2010/)

6 スタッフにも名札を

私のセミナーでは、講師を除くすべてのスタッフに名札（スタッフパス）を首からかけてもらっていますが、それには二つの理由があります。

まず、ひとつはお客様のためです。

私も、他人のセミナーに参加したときに実際にあったことですが、誰がスタッフかがわからないと、講義中に急に気分が悪くなったときなど、誰に声をかけていいのかわかりません。

そしてもうひとつは、スタッフ各自に「自分は、このセミナーのスタッフなのだ」という自覚を持ってもらうためです。

セミナーは長時間に及ぶ場合があります。そうなると、いくら責任感のある人間でも、ときには気が緩むものです。しかし、「私はセミナースタッフです」と首から名札をつけていると、そう簡単にウトウトするわけにもいきません。また、スタッフ同士でのおしゃべりもできなくなります。

7 セミナー前の名刺交換タイム

弊社主催のセミナーでは、必ず本編の講義の前に、参加者同士による名刺交換タイムを設けています。時間は、参加者の人数によって若干異なりますが、1人と名刺交換する時間を2～3分程度とし、それが全員とできる時間を、前もってスケジュールに組み込んでいます。

それだけの時間を取る理由は二つあります。まず、参加者同士が知り合いになってもらうためです。「セミナーに参加する」＝「その分野に対する学習意識の高い方」ですから、その同じベクトルの人同士の人脈はかけがえのない財産になります。そのきっかけ作りをさせていただいているわけです。

実際、「松尾先生のセミナーがきっかけで、一緒に大きな仕事をする仲間ができました」などという報告をいくつもいただいています。

そしてもうひとつですが、それはこちら側（講師・主催者側）のためです。セミナー開始時は、講師も主催者も緊張しています。その最大の原因は、参加者全員が緊張しているからです。

私自身も、勉強のために一般参加者として多くのセミナーに出席していますが、そのとき感じることは、「参加者も緊張している」ということです。まったく知らない人の中に1人で座っていれば、誰だって緊張するものです。そして、その数十人の緊張している人の前に立たされた主催者や講師は、さらに緊張することになります。

そんな緊張のスパイラルに陥らないためにも、講義前に参加者の緊張をときほぐす必要があるのです。

これを〝アイスブレーク〟と言います。そのアイスブレークのひとつが、参加者同士に挨拶をさせる名刺交換なのです。

これを行なうことによって、講師が壇上に上がる前に、会場の雰囲気が「ガヤガヤ」と明るい活気に満ちていきます。

そして、その明るい雰囲気の中で講師が登場します。名刺交換タイムは、参加者、講師・主催者に多くのメリットをもたらす大切な時間なのです。

8 長時間のセミナーではBGMを流す

2時間程度のセミナーなら別ですが、半日以上もかかる長時間セミナーでは、要所要所でその雰囲気に合ったBGMを流したほうがいいでしょう。

たとえば、セミナー開始前の受付時や参加者同士の名刺交換の時間にはアップテンポの曲を流すことで、セミナーへの期待感を高めたり名刺交換がしやすくするなどの効果があります。

また、休憩時間に曲を流すことによって、オン（講義中）とオフ（休憩時間）との切り替えを促します。

さらに、昼食時にはリラックスできるようなスローな曲を流すなど、BGMは長時間セミナーになくてはならない必須アイテムと言えるでしょう。

9 セミナー前日までに用意する物チェックリスト

次のリストは、私がセミナーの前日に忘れ物をしないようにチェックしているリストです。あなたがセミナー講師として壇上に立つ場合や、主催者としてセミナーを仕切る場合、ぜひ参考にしてください。

セミナー前日までに用意する物チェックリスト

・レジュメ（参加者とスタッフの人数分）
・参考資料（参加者とスタッフの人数分）
・アンケート用紙（参加者の人数分）
・次回開催するセミナーの申込書付きチラシ（参加者の人数分）
・当日販売する商品とそのチラシ（商品は参加者の5分の1くらいを〝限定〟で、通常より少し安く販売する。販売チラシは参加者の人数分）
・自社の商品チラシ（参加者の人数分）

・お釣りの小銭（100円・500円硬貨、1000円札）
・BGMのCD
・領収書
・撮影用具一式（ビデオカメラ、デジタルカメラなど）
・スタッフ名札（パス）
・鉛筆、ボールペン（10本程度。参加者が筆記用具を忘れている場合があるため。また、アンケート用）
・現金は少し多めに用意しておく（当日、何らかのアクシデントや忘れ物があっても、ほとんどのことはお金で解決することができるため）

※これらをまとめると、かなりの荷物になります。当日、この荷物を講師自らが持っていくと、講師としてのブランドの低下につながります。できれば、セミナー開始時間に間に合うように、宅配便などを使って現地に送っておきたいものです。

10 アンケートの大切さ

セミナー終了後、参加者にアンケート書いてもらうことは非常に大切なことです。その理由は大きく分けて二つありますが、ひとつは参加者自身のために書いていただいています。

と言うのも、セミナーを受講後、参加者がその内容を振り返って、もう一度頭の中で整理してアウトプットする作業が大切な学びになるわけですが、会場から出たあとで復習することはなかなかむずかしいからです。

だからこそ、会場の中でセミナーの一環として、1日を振り返ってもらうためにアンケートに答えてもらうのです。

ですから設問も、「今回のセミナーはどうでしたか？」などというシンプルなものではなく、「今回のセミナーで学んだことは何ですか？　箇条書きでけっこうですので、三つお書きください」とか、「セミナーで学んだことを、今後どのようにご自分のビジネスに結び付けていこうとお考えですか？」など、参加者自身に考えさせるような工夫も必要になってきます。

そして、参加者にアンケートを書いていただくもうひとつの大きな理由ですが、それはもちろん、講師や主催者のためです。

セミナー講師や主催者は、常にお客様である参加者の声に耳を傾けなければなりません。その意味でも、アンケートに答えていただいて素直な意見を吸い上げることは非常に重要なことです。

アンケートは、講師や主催者が自身自分では気づかなかった、よい点や悪い点を指摘してくれるため、改善していくための貴重な情報なのです。

また、そのアンケートに書かれた内容を参加者の許可をいただいたうえで、今後のセミナー運営のＰＲや販促活動に「お客様の声」として使わせていただくことは、重要なプロモーション活動のひとつとなります。

【 人生を劇的に変化させたい起業家のための
セミナー講師&主催者 戦略セミナー 】
○月○日（土）in○○

本日は、セミナーへのご参加ありがとうございました。
今後ますますの内容の充実のため、アンケートにご協力お願い致します。

【アンケート】
1．　このセミナーに参加される前に感じた不安や疑問をお書きください。
（　　　　　　　　　　　　　　　　　　　　　　　　　　　）

2. セミナーに参加された今、その不安や疑問は解消されましたか？
（　はい　　　　いいえ　　）
それを具体的にお書きください。
（　　　　　　　　　　　　　　　　　　　　　　　　　　　）

3.　今回のセミナーで学んだことは何ですか？　箇条書きで結構ですので3つお書きください。
（　　　　　　　　　　　　　　　　　　　　　　　　　　　）
（　　　　　　　　　　　　　　　　　　　　　　　　　　　）
（　　　　　　　　　　　　　　　　　　　　　　　　　　　）

4.　セミナーで得たことを、今後どのようにビジネスに活かしていこうとお思いですか？
（　　　　　　　　　　　　　　　　　　　　　　　　　　　）

5. アンケートの内容を当社のＨＰ・ブログ等の販促活動に使わせていただいてもいいですか？
※その際、わかりやすくお伝えるために、若干表現等を変えて掲載する場合がございます。

（ 名前入りで掲載ＯＫ　・　イニシャルなら掲載ＯＫ　・　掲載はダメ ）

6.　講師 松尾及びゲスト講師へのメッセージをお寄せ下さい。
（　　　　　　　　　　　　　　　　　　　　　　　　　　　）

7.　その他、ご意見・ご要望をご自由にお書き下さい。
（　　　　　　　　　　　　　　　　　　　　　　　　　　　）

ご住所（都道府県まで）　　　　　年齢　　（代）
お名前

アンケートのご協力ありがとうございました。今日はセミナー受講、お疲れ様でした。
またお会いできることを楽しみにしております。　ありがとうございました。

主催・ネクストサービス株式会社　セミナー事務局

▶アンケートには主催者・参加者ともにメリットがある

8章

セミナー講師の〝格〟を高めるブランディング術

1 セミナー講師こそ、パーソナル・ブランディングが大切

ここではまず、「パーソナル・ブランディング」とは何かをご説明します。

普通、ブランドと言うと、バッグや時計などを思い浮かべると思いますが、たくさんの商品がある中で、フェラガモやグッチ、オメガと言った、誰もが知っている一流ブランドはその「ブランド力」で、他社に対して圧倒的な優位性を獲得しています。

このようなブランドを、創造・維持する活動を「ブランディング」と言いますが、近年、欧米や日本でも、それを個人に適用していこうという動きが出てきています。これを「パーソナル・ブランディング」と言います。

具体的には、靴と言えばフェラガモ、バックと言えばグッチ、時計と言えばオメガと言うように、「○○と言えばあなた」と言われるようになれば、セミナー講師としても一流と言っていいでしょう。

それもセミナー講師の場合は、大多数の人や世間一般から、「○○と言えばあなた」と言われる必要はまったくなく、ごく一部の人たちから支持されれば十分にパーソナル・ブ

ランディングは確立され、人気講師と言われるようになるのです。

たとえば私は、ほぼ毎週のようにビジネスブログのセミナー講師をしていたときは、「人気ブログランキング」という、ブログのランキングサイトのおよそ200ある専門カテゴリーの中のひとつで1位となり、「ビジネスブログのことは松尾に聞け」と言われるほどのパーソナル・ブランディングを確立し、ニッチなジャンルの中で人気講師と言われるようになったのです。

ですから、これをお読みのあなたも「自分が勝てる小さな（ニッチな）ジャンル（たとえば、「従業員10人未満の会社の就業規則作成を専門とする社会保険労務士」など）」を見つけ、その中での専門家をめざしていってください。

2 あなたを3倍大きく見せる講師プロフィールの作り方

セミナーは、講義内容を聞いてみなければ、その品質はわかりません。そのため、セミナー告知ホームページには「そのセミナーを受講することによって得られる付加価値」を書かなくてはなりません。そのための重要な要素として、講師のプロフィールがあります。

書籍も、内容をすべて読んでから購入する人はいません。まず、本のカバーやタイトルを見て、自分に必要な情報かどうかを判断し、その後目次を見て、最後に著者のプロフィールを確認してから購入するのが一般的です。同様にセミナーも、講義内容を見て参加意欲が湧き、講師のプロフィールを確認してから最終的な申込みをします。ですから、講師のプロフィール作りは気の抜けないポイントなのです。

そのことを踏まえて、セミナー告知ホームページにある私の「プロフィール」を見てください。

【ショートバージョン】

松尾昭仁（セミナープロデューサー・元ライブドア大学講師）
ネクストサービス株式会社代表取締役ＣＥＯ
セミナー講師として、週末はほぼすべてのスケジュールが講演活動で埋まっている新進気鋭の人気講師。また人気ブロガーでもあり、「ブログを使った起業戦略」のナビゲーターとしても活躍中。同文舘出版（株）より、セミナー主催に関する書籍の出版も決定している。

【ロングバージョン】
１９６７年埼玉県出身。大学卒業後、世界最大級の総合人材サービス業入社。日本橋支社営業部にて企画営業を担当。入社２年目には同期を代表して、新入社員研修で講師を務める。平成14年、ネクストサービス株式会社を設立、代表取締役に就任。ＮＴＴ代理店として、フリーダイヤル・電話回線などの取次業務を、ダイレクトマーケティングを駆使して、独自の通信販売によって軌道に乗せ、地域ナンバーワン代理店に成長させる。平成16年８月よりはじめたブログ『超小予算ダイレクトマーケティングの考え方』を、開設わずか86日で「livedoor Blog ランキング・ビジネスカテゴリー」の20位にランクインさせる（４２４８ブログ中）。また、ブログ専門人気投票サイト「人気blogランキング」においても、部門別順位最高１位を獲得するなど人気ブロガーとして注目され、そのノウハウを広く伝えるべく精力的に講演活動を行ない、新進気鋭の人気講師としても注目されている。最近は、そのセミナー活動での経験を活かして「人気セミナー講師育成ナビゲーター」として、セミナー講師や主催者を希望する起業家を支援する活動に力を注いでいる。また、同文舘出版（株）より、セミナー主催に関する書籍の出版も決定し、現在執筆活動中。

この二つのプロフィールに共通していることは、どちらも「勝っている姿や状態」を見せている点です。

セミナーの参加者は、〝ただの人〟の話を聞くために貴重なお金や時間を遣って来ているわけではありません。「この人はすごい！」と思える人の話を聞きに来るのです。

ですから、講師のプロフィールには、そう思ってもらえるような工夫や表現が必要です。たとえば、営業社員が5人しかいない営業部でもそこでトップの成績を取れば、「社内ナンバーワン営業マン」という表現が使えます。

もちろん、嘘や誇大な表現を使えと言っているわけではありません。しかし、実績を選んで書くことはできます。謙遜する必要はありません。参加者は「すごい人」の話を聞きたがっているのですから。

3 スタッフ全員に〝先生〟と呼ばせる意義

前項でもお話ししましたが、セミナー参加者は大切なお金と時間を遣って、専門家の話を聞きに来ます。

ですから、セミナー中に司会者やスタッフが、気軽に「○○さん」などと言って講師に接する態度は、講師に対する参加者の、「すごい人」という期待感を裏切る行為であり、好ましいことではありません。

日本人は、謙遜や謙虚を重んじます。そのため、「私のことを、先生なんて呼ばないでください。気軽に○○さんと呼んでください」などと言いがちです。しかし、ことセミナーや講演に関してはそんな奥ゆかしい発想は必要ありません。堂々と、「私はこの分野のスペシャリストであり、参加者に教える先生なのだ」と自覚する必要があります。

そして、身内であるスタッフにもそのように教育し、それを態度で示してもらうために、会場では〝先生〟と呼ばせ、司会者からは「本日の講師の○○先生は……」と、あえて紹介してもらう必要があるのです。

9章

セミナー講師として大切なこと

1 話ベタでも大丈夫！ セミナー講師はアナウンサーではない

「私は、話し方に少し癖があるため、きれいな日本語が話せません。セミナー講師になるにはやはり、専門家についてスピーチの訓練をする必要がありますか？」

これは、セミナー講師をめざす人の多くが持っている悩みですが、私はこのような質問に対して、いつも次のように答えています。

「セミナー講師はアナウンサーではありません。セミナー講師は、話し方に癖があっても大丈夫です。癖は、言い換えると個性になります。逆に個性のないセミナー講師の話はあまり印象に残らず、参加者にとって、もう一度聞きたいと思わせるスピーチにならない場合があるからです。たとえば、講師ではありませんが、テレビやラジオでおなじみの通信販売会社「ジャパネットたかた」の高田明社長は、お世辞にもきれいな話し方ではありません。ところが、もしあの高田社長がアナウンサーのような日本語で商品を紹介していたら、今のあの会社の繁栄はなかったかもしれません」

このように説明すると、みなさん納得して安心されますが、だからと言って、参加者にとって聞きづらいしゃべり方や、何を言っているのかわからない話し方では、セミナー講師としては困ります。

聞きやすい話のスピードは、1分間に250～300字程度と言われていますので、練習をするとき原稿を読みながら、自分がどれくらいの速さで話しているかを測ってみることをおすすめします。

また実際、壇上に上がって参加者の前に立つと、ふだんよりも早口になる傾向がありますので、そのことを頭に入れたうえで、ひと呼吸置いてから話しはじめるようにしてください。また、ふだんから声が小さいという方は、早めに会場入りして、スタッフと入念にマイクの調整を行なってから本番を迎えるようにしたいものです。

2 セミナーであがらないために

私自身、いつもセミナーでは緊張し、世間一般で言われる、「あがる」という状態になります。

しかしこれは私だけではなく、多くの先輩方に聞いてみても、「やはり、人前で話すときには多少はあがるもの」とおっしゃいます。しかし、そのほうが緊張感のあるよいスピーチができるとも言います。

しかし、壇上でガタガタと震えたり、何を言っているのかさっぱりわからないという状態になるということだけは、プロとしては避けたいところです。

そこでここでは、私自身が実際にやっている「あがらないためのちょっとしたコツ」についてお話しします。

まず、あがらないためには「自分はできる。大丈夫だ」と前向きに考え、それこそ、「ここで失敗しても、命まで取られるわけではない」と、ポジティブかつ楽天的に考えるようにします。

またそのとき、どんな小さなことでもいいので、過去の自分自身の成功体験を思い出し、「あのときうまくいったのだから、今回も大丈夫だ。絶対にうまくいく!」と、こじつけるくらいの図太さも必要です。

さらにあがらないコツとして、「いつもと同じ行動パターンで動く」というものがあります。

ニューヨークヤンキースの松井選手は、試合前に必ず、梅干入りのおにぎりを2個食べます。そして、打席に入る前には必ずバットのヘッドに重いリングを付けて、左で3回、右で3回、交互にスイングするそうです。

これらはすべて、「いつもと同じ行動パターンで動く」ことによって、「いつもと同じだから今回も大丈夫。予定通りだ」という心理が働き、どんな場面でもあがらなくするための方法だそうです。

私も大切なセミナーでは、

・着ていく服も同じ
・当日の朝食のメニューも同じ

・会場までの交通機関も同じ
・会場も同じ
・開始、終了時間も同じ
・スタッフも同じ
・親睦会の場所やメニューも同じ

など、「いつもと同じ行動」を極力取るようにしています。

実はこれはサッカーで、アウェー（敵のグラウンド）で戦うより、ホーム（自分のグラウンド）で戦ったほうが断然有利なのと同じです。

そして、壇上であがらないための究極の方法は「練習の量と場数」ですから、常日頃から本番を想定して練習に励み、そしてより多くの場数を踏むために、人前で話すチャンスがあれば積極的にチャレンジする努力を惜しまないことが大切です。

3 参加者を話に引き込む壇上での演出

次に、私が実際の経験から得た、「参加者を自分の話に引き込む壇上でのコツ」を具体的に披露していきます。

まず、司会者に紹介されて参加者の前に立ったら、いきなり話しはじめてはいけません。顔を上げて参加者を見渡して、全員の視線が自分に集中したのを確認してから大きな声で挨拶をしてください。

なぜなら、セミナー講師はこの一瞬に大きなエネルギーを使って独自の空間（世界）を作り、その後の講演を自分のペースで進められるようにしなければならないからです。

次に、話の中に適度な〝間〟を入れることも必要です。

では、この〝間〟とは、いったい何でしょうか？

セミナーでの〝間〟とは、ひと言で言うと講師と参加者の呼吸のことです。たとえば、参加者自らに考えてほしいとき、講師は参加者に質問を投げかけます。そのとき、適度な〝間〟がなければ参加者は消化不良を起こし、そこで置いていかれたような気になってしまいます。

こんなときは、「少し長いかな」と感じるくらいの時間を与えて、参加者全員の顔をくまなく見渡してから次に進むようにしてください。

そして、「よろしいでしょうか？」などと、常に参加者との呼吸を忘れずに講義を進めることがポイントです。

また、参加者一人ひとりの目をきちんと見ながら話すことも重要です。講師が、参加者の目を見て話をすれば相手はその一瞬、「私だけに話をしてくれている」と思って感動し、その後も熱心に聞いてくれるはずです。

ですから、たった10秒、いや人数が多ければ3秒でも1秒でもけっこうです。参加者一人ひとりの目を見ながら、その人にだけ話しかけてみてください。

4 説得力のある話し方のテクニック

セミナー講師としての説得力ある話し方のテクニックのひとつとして、一番言いたいことを最後に話す「クライマックス法」というものがあります。これは、データなどを具体的に示して話を盛り上げ、そして最後に言いたいこと（核心）を持ってくるという手法です。

これは、相手がその話に興味がない場合は有効ではありませんが、有料セミナーのように、最初からそのテーマに興味がある人だけが集まっている場合には、非常に効果的なテクニックです。

また逆に、無料セミナーなどでテーマに関心の低い人がいる場合は、「アンチ・クライマックス法」という、最初から重要なことを一気に話してしまう方法もあります。聞く気の薄い人に、本題と離れた話を延々としても時間の無駄だからです。

5 セミナー講師は〝ミッション〟を持とう

ミッションとは、自らの「使命・任務」のことを言いますが、参加者からお金をいただいてスピーチをするセミナー講師には当然、この「ミッション」が必要です。たとえば私が、「セミナー講師育成の講演」をする場合は、「普通の人でも、他人より少しでも秀でたところがあり、それをより多くの人に伝えたいという強い意思がある人に対して講演することにより、90日という短い期間でそれぞれの専門分野で活躍できる『人気セミナー講師』を育成すること」がミッションになっています。

そして、そのようなミッションがあるからこそ、参加者に納得してもらえる内容になっている、と考えています。

では次に、ここで私が「あなたのセミナー講師としてのミッションは何ですか？」と、質問を投げかけたら、あなたはすぐにそれに答えられるでしょうか。

もし、あなたが現在、セミナー講師でないなら、この質問にすぐに答えられる必要はありません。

なぜなら、ミッションというものはそんなに簡単に見つけられるものではなく、自分自身で試行錯誤を繰り返し、その結果、やっと見つかるものなのですから。

ただし、ミッションに近いものなら、今すぐにでも探す方法はあります。それは、同じようなセミナーをしている講師とあなたとの違いを見つけ出し、なぜ参加者はその講師ではなく、あなたのセミナーを選ぶのかを客観的に探り、冷静に判断してみるのです。そうすることによって、あなた自身の強みがわかり、他の講師との差別化もできるようになるでしょう。

しかし、現在すでにセミナー講師として壇上に立っている方ならば、確固たるミッションがあって当たり前で、もしそれがないなら、もう一度今の自分自身の状況を考え直す必要があります。

繰り返しますが、参加者にとって「ミッションのない講師」の話は伝わることはないからです。

6 セミナー講師は役者。会場は舞台。参加者は観客

セミナーは、参加者にとって勉強の場であると同時に、楽しみの場でもあります。

実際、セミナーが好きな〝セミナーおたく〟と言われる人たちの話を聞くと、「セミナーの緊張した雰囲気が好き」とか、「あのセミナーは楽しかった」、「○○先生のセミナーはあまり面白くなかった」など、まるで芝居の観客と同じような意見が出てきます。

もちろん、学習に特化した参加者も少なくありませんが、どちらにせよ講師や主催者は、参加者に心地よい環境の中で、楽しく学んでいただく創意工夫をしていかなくてはなりません。

そのような意味で私は、「セミナー講師は役者であり、会場は舞台。さらに参加者は観客」と考えています。

役者である以上、舞台である壇上に立ったセミナー講師は、常に観客である参加者の欲求を満たしてあげなければなりません。稀に、自分だけの世界に入り込み、参加者を無視しているような講演をする講師がいますが、それはしらけた観客の前で独りよがりの演技

に酔いしれている役者と同じです。

また、セミナー会場は舞台なのですから、「安い」という理由だけで、交通の便が悪くて汚い会場を利用するなどはもってのほかです。セミナー会場の環境が悪いという理由だけで、その主催者や講師までが「低レベル」と判断されかねないからです。

そして、観客である参加者に、参加費用以上の満足感を持って帰っていただくように工夫をするべきです。

たとえば、弊社主催の1日がかりの高額セミナーでは、昼食として、少し豪華な幕の内弁当とお茶をお出しししています。これは、昼食にわざわざ会場を出て食べるところを探す手間を省くことと、ふだんなかなか自分では買わないレベルの弁当を出すことで、ちょっとした〝お得感〟を感じていただき、さらに他の参加者とのコミュニケーションの時間を提供することができるからです。

そして、午後3時には、一流コーヒーショップから出張サービスをしてもらい、お菓子付きのコーヒーブレイクの時間を取っています。参加者もセミナー講師も主催者も、同業者からだけでなく、よりサービスの行き届いた他業種からも、見習うべき点がいろいろある、と考えるからです。

7 講師も見た目が大切

人が他人から受け取る情報のうち印象に残る割合は、「話す言葉の内容」はわずか7％で、「見ため・身だしなみ、しぐさ・表情」が55％、「声の質（高低）、大きさ、テンポ」が38％、とアメリカの心理学者・アルバート・メラビアンは言っています。

これはどんなにすばらしいことを話しても、講師の見た目が悪ければ致命的、ということを意味する法則です。

最近では、Tシャツやジーパン姿で壇上に上がるセミナー講師もいるようですが、この法則が正しければ55％もの損失があるわけですから、講師も、「セミナー講師らしい服装」を心がけるべきです。

また、参加者の中には講師よりもかなり年輩の方がいらっしゃる場合もあるため、そういった人たちに敬意を表する意味でも、あまりにもラフな格好はおすすめできません。

では、「講師らしい服装」とは、いったいどのようなものでしょうか？

私は、セミナーのときはいつも清潔感のある服装を心がけています。

たとえば、白のワイシャツに黒か紺のジャケットを着て、それにベージュのチノパンを合わせます。またネクタイをしない場合は、ボタンダウンのワイシャツを着るように工夫しています。

あなたが女性なら、憧れのセミナー講師のファッションを徹底的に研究して、よいと思うところを真似してみてください。そうすればしだいに、あなたに合ったファッションができあがることでしょう。

また、セミナー中の講師の態度についてですが、セミナー講師は講義中、「自らの手の位置」にも気を配る必要があります。たとえば、参加者に課題を出して考える時間を与えたときなど、くれぐれも手を後ろで組むことがないようにしてください。

手を後ろで組むという行為は、人によっては威圧感を与えることもあるため、あまり印象がよくないからです。さらに、頻繁に髪に触わる、頭をかくなどの行為は不潔に見えるため、これも慎みたいものです。

8 講師はインプットを怠ってはならない

私の周りにいる、人気セミナー講師と言われる人たちは、例外なく読書家であり、他の講師のセミナーにも積極的に参加するなど、自己投資に余念がありません。逆に、セミナーを開催しても1回限りや数回でやめてしまう講師の多くは、往々にして自分自身の成長に対して、投資を惜しむ傾向があるようです。

人気があり、継続的にセミナーを開催できる講師とそうでない講師との大きな差のひとつが、実はここにあるのです。

なぜなら、セミナー講師の商品は自分自身の知識であり情報であり経験ですから、絶えず情報のアンテナを張ってインプットしていかなければ、新しい有意義な話を参加者に提供できなくなるのは当然です。

われわれセミナー講師が教えていることは、「生の」、「今使える」情報です。一部の大学教授が学生に教えるように、数十年前の知識を使いまわしているわけではありません。ものすごいスピードで動き続けているビジネス社会の中で、よりホットな情報を有料で伝えるセミナー講師の義務として、絶えずインプットを怠ってはならないのです。

また、セミナー講師や主催者が他のセミナーに参加するときは、情報のインプットに集中するだけでなく、講師の服装や話の進め方、スタッフの細かい動き、会場の設定、さらに司会の立ち位置や進行状況などを、参加者としてだけでなく、講師・主催者側の目で観察することも忘れてはなりません。

私はセミナーに、一般の受講者として参加するときは、「これは自分のセミナーでも使える」と思ったことは、どんなに些細なことでも必ずメモを取るようにしています。また、昼食の弁当がおいしければ、その包み紙を持って帰って自分のセミナーでも利用するほど気を遣っています。

そう考えると、どんなセミナーに参加しても、「このセミナーのこんなところは参考にしよう」と感じたり、「このセミナーのスタッフは私語が多くて不快感を持った」と思えば、自らのセミナーでは改善できるのですから、あらゆることが学びになり、決してお金と時間の無駄にはなることはありません。

9 セミナー講師は代役のいない役者

先に、「セミナー講師は役者である」と述べましたが、実はセミナー講師は「代役の立てられない役者」でもあるのです。

通常、芝居やショーなどで役者が病気になった場合は、代役を立てるなどして幕を開けることができますが、ことセミナーに関しては、基本的に代わりの人が壇上に立ってスピーチをするということはありません。それは、セミナーの商品が、その講師の持っている「情報」だからです。

当社主催のセミナーの場合も、「講師が急病などの場合はセミナーは中止とし、参加費用は速やかに全額返金いたします」と、ホームページと案内メールに記載しています。

しかし、過去数十回もセミナーを開催している当社では、今まで一度も講師の都合で講演が中止になったことはありませんし、他社のセミナーを見ても、「講師が風邪のため、中止になった」という話も聞きません。

もちろん、セミナー講師も普通の人間です。他の人よりも強靭な体力があるとか、ふだんから鍛えているというわけでもありません。

では、なぜセミナー講師は体調を崩すことなく、当日壇上に立ち続けられるのでしょうか？

それは、〝プロ〟としての自覚が、たとえ40度近い熱があったとしても、講演を続けさせるのです。決して、「セミナー講師だから病気にならない」というわけではないのです。

たとえば、私がジョイントセミナーをしていただいた行政書士の丸山学先生は、セミナー当日、インフルエンザで高熱があるにもかかわらず平然と講演をこなし、「終了後、数日間寝込んだ」と、あとから伝え聞いたことがあります。

私自身も、体調不良で脂汗が出るような状況の中で講演をしたことがありますが、具合が悪いことを理由に講演の質を落としたくないため、いつもより力を入れたほどです。

ただし「プロ講師」としては、常日頃から体調管理に関して、人一倍気を配る努力が必要であることは言うまでもありません。

このように、セミナー講師にはふだんからの自己管理と、万一体調が悪くなった場合も、「代役はいない」というプロとしての自覚が必要なのです。

10 こんなセミナー講師は失格

1 セミナー講師は前日からコンディションを整える

翌日セミナーがあるという場合、前夜の深酒はご法度です。セミナー中に講師が酒の匂いをさせていたり、二日酔いで体調不良になる、などはもってのほかです。また、カラオケの唱いすぎで声の調子が悪いというのも失格です。

2 清潔感を意識する

汚い服装や不潔感の漂う方も、セミナー講師として失格です。

セミナー講師は役者です。そして参加者にとっては、ちょっとした憧れの存在でもあります。そんな講師と初めて会ったとき、肩にフケがいっぱいのっていたとしたら、それだけで幻滅です。

私は、セミナーの当日はどんなに朝早くても必ずシャワーを浴び、髭をいつもより入念に剃るなど気を配っています。もちろん、服も前日からセレクトし、靴もしっかりと磨いて準備しています。

3 セミナー講師は食事にも気を配る

セミナー講師は、前日や当日の食事にも気を配りたいものです。匂いがきついものを食べると、どうしても口臭が残ってしまいます。これを避けることは、セミナー講師に限らず、社会人としてのマナーです。また、講演前には歯磨きをすることをおすすめします。これは、「さっぱりとした気持ちで話をする」ための、私自身のちょっとした儀式でもあります。

4 セミナー講師は謙遜しすぎてはならない

「私などが、みなさまの前に立ってお話をするのはたいへん恐縮ですが……」

このような前置きで講演をはじめる講師がいますが、「私などが……」といった、自分自身を卑下するような言葉は、なるべく講演中は使わないように気をつけたいものです。

前にも書きましたが、セミナーの参加者は、大切なお金と時間を遣って「専門家・先生」の話を聞きに来ているのです。

そんな参加者に向かって、「私なんか……」、「私など……」と、その先に「たいした話ではありません」という言葉が隠れているような言い方をすることは、参加者に対してたいへん失礼なことです。

もし本当に自分自身でそう思い、自信がないのなら、講師として壇上に上がるべきではありません。そうでないなら、このような言葉を遣って自分自身に言い訳をしたり、逃げ道を作らないようにしてください。

なぜ、私がこのような厳しいことを言うかというと、私がかつて参加した有料セミナーで、講師がこのような言葉を連発したおかげで終了後、多くの参加者から、「そんなに自信がないのなら参加費用を返せ！」という文句が出ていたからです。

5　セミナー講師はあいまいな表現を使ってはならない

「おそらく」、「たぶん」などのあいまいな表現を多用するセミナー講師は失格です。

これは、4と同じく「自信のなさ」が隠れている言葉だからです。

「自信のないことはセミナー当日までにしっかりと調べ、あやふやなことは話さない」これくらいの気構えは、プロの講師として必要です。また、講演中に講師は話を「言い切る」癖をつけるようにしてください。「〜だと思います」ではなく、「〜だ」、「〜です」と講師が言い切れば、参加者の頭には「なるほど、そうか！」と、すんなりと情報が入っていくからです。

セミナー講師は、あやふやな知識をしっかりと整理して、自信を持って話を言い切るように心がけてください。

6　セミナー講師は参加者を攻撃してはならない

セミナー講師の中には稀に、「○○だから、みなさんはダメなのです」などと、講義中に説教のような話をする方がいますが、これは感心できません。人は、他人に褒められてうれしく感じて同調するものですから、「一般の方は○○ですが、本日この会場にいらっしゃる方は違います。みなさんは意識が高く、向上心が旺盛だからこそ、この会場にいらっしゃるのです」と特別扱いをして参加者の心を開き、「聞く耳」を持ってもらわなければならないからです。

7 セミナー講師は出し惜しみをしてはならない

セミナー講師は講演中、自分の知識を出し惜しみしてはなりません。そのあとに控える高額セミナーや教材を売りたいがために、「ここから先は、○○を買っていただき勉強してください」などと言う講師がいますが、これではそのためだけにセミナーをしているのか、と疑われることにもなりかねません。

しかし、参加者もバカではありません。そのような講師は、「また次に参加しても、同じように売りつけられるだろう」と思われて、信用をなくしてしまいます。

またこれは、無料のセミナーでも同じです。講師は壇上に立った以上、「ここまで話して大丈夫なのですか？」と言われるほど、参加者が満足する内容を話すべきです。そうすればリピート参加者が増え、人気講師となっていくはずです。

10章

セミナー講師&主催者インタビュー

人気セミナー講師　丸山　学氏（行政書士、ノーリスク起業コンサルタント）

丸山行政書士事務所所長・有限会社丸山事務所代表

丸山さんは、主にどういったテーマでセミナー活動をされていらっしゃいますか？

同業者（行政書士）に向けて、実務セミナーを開催しています。また、これから起業する方々に向けては、「家族を路頭に迷わせないノーリスク起業」をテーマとした、「インターネット・マーケティングセミナー」なども定期的に開催しています。

最近は、どれくらいのペースでセミナー講師をされていますか？

昨年（2005年）は、週1回程度で講師を務めました。自主開催もありますが、最近は上場企業を含めた民間企業や資格専門学校などの学校法人からもお呼びがかかり、講演させていただいています。

ところで、丸山さんがセミナー講師になったきっかけは何でしょうか？

勤めていた会社を辞めて行政書士として開業したとき、「士業などの専門職は、セミナー講師として、向こうから仕事が来るようにならないとダメだ」と直感的に感じて、他の講師の見よう見真似でセミナーを開催しました。

最初の頃のセミナーはどんな感じでしたか？　また失敗談などはありますか？

最初の頃は、受付、集金、雑用などを、すべて自分1人でやっていましたので、今から考えると、「セミナー講師としてのブランドの確立」も何もありませんでしたね。

セミナー講師になってよかったことは何でしょうか？

専門家（行政書士）としての地位の確立と集客に尽きると思います。

丸山さんが、セミナー講師として注意している点や何か気をつけていることがあったら教えてください。

ズバリ、「わかりやすさ」です。いくらよい講演をしても、お客さんである参加者に伝わらなければ、単なる自己満足に終わってしまいます。ですから、「何もそこまで……」と思われるぐらいのレベルまで噛み砕いて説明するように心がけています。

丸山さんは今、セミナーでどれくらい儲けていらっしゃいますか？　この本の読者にとって、たいへん興味があるところですので、差し障りのない程度にお答えいただけますか？

直接的には、講師料と自主開催による収益だけで年間数百万円程度かと思います。あとは間接的な収益として、セミナーから本業である行政書士業務への依頼なども大きいのではないでしょうか。

では最後に、これからセミナー講師になろうとしている方へアドバイスをお願いします。

アガリ症の方でも、「慣れる」ことでどうにかなりますので、まずは勇気を出してセミナーを開催し、講師として壇上で話してみてください。

丸山学氏の公式ホームページ
家族を路頭に迷わせない！『ノーリスク起業法』の教え　http://www.marujimu.com/

人気セミナー講師　藤本伸也氏（元気営業コンサルタント）

藤本さんは、いつもどのようなテーマでセミナーをされていますか？

心を揺さぶる、何か熱いものを感じていただけるセミナーが信条です。主に、営業とインターネットがわからなくても売上げが上がる方法を、セミナーでは語っています。

今は、どれくらいのペースでセミナー講師をされていますか？

現在は、月に3～4回ですね。

藤本さんが、セミナー講師になったきっかけは何ですか？

前からそういった願望はありましたが、出版したことをきっかけに、急速にその思いが加速していき、本を読まれた団体や企業から声がかかるようになりました。

最初の頃のセミナーはどんな感じでしたか？　失敗談などはありますか？

今はもう、思い出したくもありませんが、早口で、しかも「あ〜、え〜」の連発でした。参加者の顔すらまともに見ることができず、言いたいこともうまく伝わらない。そして何より、まったく自信と迫力が感じられない講師だったと思います。

では、セミナー講師になってよかったことは何ですか？

自分という存在を、リアルにＰＲできることです。それによって、次のビジネスにつなげていくことができます。

藤本さんが、セミナー講師として気をつけていることは何ですか？

スピーチが早口にならないこと。そして、身なりをキチンとして、事前にしっかりと準備をする。さらに自信を持って話し、相手の心に響くような話し方を心がけています。

最後に、これからセミナー講師になろうとしている方へアドバイスをお願いします。

最初は誰でも失敗します。それでも場数を踏みましょう。そして、しっかりと準備をしましょうということです。

藤本伸也さんの公式ホームページ
藤本伸也.com　http://fujimotoshinya.com/

人気セミナー主催者
清水康一郎氏
（No.1セミナーポータルサイト・セミナーズ運営会社）
ラーニングエッジ株式会社・代表取締役

御社（セミナーズ）では、いつもどんなテーマでセミナーを主催されていますか？

お金やビジネスに関するセミナーが多いですね。具体的には、『7つの習慣』で有名なジェームス・スキナー氏などの有名講師を招いて、1000名以上のセミナーを開催しています。

最近は、どれくらいのペースでセミナーを主催されていますか？

1200人以上の大型セミナーは年に2回程度で、それより小規模のセミナーは毎週開催しています。

清水さんが、セミナーの主催者になったきっかけは何ですか？

元々は、仲間から、講師としてセミナーをするべきだとすすめられたことがきっかけです。それまでは、ホームページとメルマガだけでノウハウを伝えていたのですが、メルマガ読者や友人からリクエストがあり、セミナーを主催することになりました。

最初の頃のセミナーはどんな感じでしたか？　失敗談などはありますか？

1回目は、思ったよりも簡単に参加者が集まりましたが、2回目以降は、集客に非常に苦労しました。コンテンツを進化させることや集客のマーケティングのノウハウがまったくなかったため、毎回セミナーの準備や集客に苦労しました。

セミナーを主催してよかったことは何ですか？

いろいろありますが、

・自分たちの伝えたいことがはっきりと伝えられる

・コミュニティを作ることができる
・他の商品やサービスの見込み客が作りやすくなる
・収益を上げることができる
・ブランドが構築できる
などです。

清水さんが、セミナー主催者として気をつけていることは何ですか？

やはり、
・セミナーの企画を魅力的にすること
・参加者に満足してもらい、また来たいと思ってもらうこと
・配布資料を良質なものにすること
・参加者の質を高める努力をすること
・受付時や申込時の対応をよくすること
などです。

今、セミナー主催でどれくらいの利益が出ていますか？

1回のセミナーで数百万円の粗利を出しています。

では最後に、これからセミナーを主催したい方へアドバイスをお願いします。

小規模なセミナーからはじめて、徐々に大きくしていけばいいと思います。最終的には、大規模セミナーも小規模セミナーも、やることはそれほど変わりません。そして、重要なのは集客です。マーケティング（広告やアフィリエイト）に予算を投下しないかぎり、いつまでも小規模なセミナーで集客に苦労し、収益に苦労することになります。

No.1セミナーポータルサイト　http://www.seminars.jp

あとがき

同文舘出版株式会社の編集者の方から、商業出版についてのお誘いをいただいた去年の6月17日から、私の日常は大きく変わりました。

当時の私は、セミナー講師・主催者の中では新参者で、自主開催のセミナーもそれほど多く開催していたわけではありませんでした。

しかし、セミナー開催をテーマとしたビジネス書を出版するとなると、なまじの経験では足りないと感じ、それからは、毎週のように自主開催のセミナーを開催して、私なりの「セミナー開催のノウハウ」を蓄積していきながら、さらに有名講師のセミナーにも通いました。

また、それと並行しての慣れない執筆活動だったため、当初予定していた脱稿日より半年以上も遅れてしまい、担当者にはたいへんご迷惑をおかけいたしました。

また、「出版が決まりました！」と家族や友人知人に伝え、ならびにメールマガジン、ブログなどのメディアで早くから宣伝してしまったため、多くの方々をお待たせしてしまいましたことをお詫び申し上げます。
しかし、そのかいあって、現在、私が知り得るすべての知識と経験のエッセンスが詰まった、まさに魂のこもった一冊が書けたと自負しています。

この10ヶ月、仕事と執筆ばかりの生活でほとんど休みもなかったため、家族に対して「申し訳なかった」という気持ちと「ありがとう」の言葉を贈ります。
また、私をいつも支えてくれている弊社の川島部長ならびに社員やセミナースタッフのみなさん、私は、みなさんを誇りに思っています。ありがとう。そして、これからもよろしくお願いいたします。

また、もう1人お礼を言わなくてはならない人がいます。セミナーの世界に入るきっかけを作っていただき、いつも的確なアドバイスをくださる、カリスマ行政書士の丸山学さん。もし、丸山さんに出会っていなければ、今の私はなかったはずです。
心より感謝いたします。

2006年4月15日　誰もいないオフィスで

松尾昭仁

著者略歴

松尾昭仁（まつお　あきひと）

セミナー・プロデューサー。セミナー講師プレミアム倶楽部代表。

ネクストサービス株式会社代表取締役CEO。

1967年 埼玉県出身。駒澤大学経営学部卒業後、世界最大級の総合人材サービス企業に入社。営業部にて企画営業を担当。入社2年目には同期を代表して、新入社員研修において講師を務める。

平成14年、ネクストサービス株式会社を設立し、代表取締役に就任。ＮＴＴの代理店としてフリーダイヤル・電話回線などの取次業務と中古ビジネスフォンの通信販売を独自のダイレクトマーケティングを駆使して成長させる。最近は、そのセミナー活動での経験を活かし“セミナー・プロデューサー”として、セミナー講師や主催者を志望する起業家を支援する活動に力を注いでいる。

【発行メールマガジン】
あなたも90日で人気セミナー講師と主催者になれる！
http://www.mag2.com/m/0000187685.html
『超小予算ダイレクトマーケティング』の考え方。
http://www.mag2.com/m/0000137349.html
【ネクストサービス株式会社　WEBサイト】
http://www.next-s.net
■書籍連動企画・無料メールレポート（全5回）
「人気セミナー講師と主催者になって、幸せに成功する本には書けなかった5つのマル秘法則」
http://www.next-s.net/book/

誰にでもできる「セミナー講師」になって稼ぐ法

平成18年7月5日　初版発行
平成19年6月5日　10版発行

著　者　松　尾　昭　仁
発行者　中　島　治　久

発行所　同文舘出版株式会社
東京都千代田区神田神保町1-41　〒101-0051
電話　営業03（3294）1801　編集03（3294）1803
振替　00100-8-42935　http:www.dobunkan.co.jp

ISBN4-495-57141-9
印刷／製本：壮光舎印刷　Printed in Japan 2006